我们将去往何方,我们要如何奋进,
才能将自由与机遇带给平凡的人们,
带给印度的农民和工人?
要战胜并终结贫穷、无知和疾病,
要建立一个繁荣、民主、进步的国家,
要创造各项社会、经济和政治制度,
维护正义,让男男女女都过上美满的生活。

——贾瓦哈拉尔·尼赫鲁,
致全国人民,1947年独立日,
《贾瓦哈拉尔·尼赫鲁演讲集》,第一卷
(印度政府出版司,1949)

献给我的同胞,
他们等待着那允诺的自由

目录

导言	001
第一章　突破	**009**
想象后殖民时期的经济	017
殖民时期的停滞状态之后	027
巨大的忽视	042
结论：一只看得见的手	051
第二章　分水岭	**053**
突向左转	056
资本家的反击	058
增长周期的解释	062
以"社会主义"之名，行资本主义之实	063
复苏	071
贫困	074
推进颠覆：拉吉夫·甘地的短暂任期	080
结论：分水岭年代	086
第三章　重返世界	**087**
改革的政治和经济因素	087
改革的成果	101
自由化与印度的生活质量	106
贫困	114

为何农业依然重要　　118
　　巨大的失望　　121
　　结论：重返世界，却措手不及　　127

第四章　失去动能　　129
　　承诺　　130
　　政绩　　139
　　抱有疑虑的投资者　　145
　　两项倡议　　150
　　"印度制造"　　152
　　废除大额纸币　　160
　　为什么莫迪经济学未能让经济加速　　168
　　新冠疫情及其带来的教训　　176
　　公共卫生系统的重要性　　177
　　限制财政并不总是需要保持审慎　　182
　　结论：当市场遭遇阻遏　　187

第五章　未竟的征程：发展停滞的现代化　　189
　　发展问题　　190
　　建设可行能力　　193
　　印度的公共政策与人口发展　　195
　　形式上的权利与实质上的自由　　211
　　结论：迈向有价值经济体的征程　　218

参考文献　　221

导言

2022年8月15日，印度作为一个独立的政治实体已经走过了75周年。我们有理由庆祝这一盛事，尤其是因为在此期间，比起1947年处于英国统治之下的其他南亚国家，印度表现出了更好的生存状况。

本书是对印度自1947年以来经济发展历程的反思，旨在评估印度在多大程度上实现了独立运动的目标。印度的经济发展历程为何与这一评估相关呢？这是因为，实现印度缔造者们所设想的独立目标与这个新生国家所要达到的经济实力息息相关。缔造者们敏锐地意识到了这一现实——这似乎与当下将国家掌握在手中的政治阶层迥异。

要评估印度独立目标的实现程度，我们首先需要了解印度独立之初的状况。从尼赫鲁的著作，特别是他在独立前夕向制宪议会发表的演讲中寻找这种来源，似乎有些陈词滥调。不过，我有一个令人信服的理由：从自由主义的角度来看，没有其他宣言能比那篇演讲更好地阐述印度独立的目标。如果将尼赫鲁在其著作和演讲中对印度的愿景与当时许多思想深刻的印度人所发表的言论进行比较，这一点更能得到证实。其他人能让我们在某些具体问题上拨云见日，但尼赫鲁的愿景不仅是全面性的，还对实现愿景的可能性进行了权衡。他在1947年8月15日指出，独立"不过是"通向"消除贫困、无知、疾病和机会不平等的一步"。①

这篇讲话有两点引人注目，我所引用的语句是其中的一部分。首先，尼赫鲁认为印度独立后的理念是要让个体有机会过上美满的生活，而不是在全球舞台上追求国际权力或炫耀荣誉。其次，尼赫鲁在提出这一目标的同时，也质疑他自己身在其中的印度领导层是否有能力成功实现设想的目标。

其后在社会和政治理论中出现的两项创新有助于我们正确看待尼赫鲁的思想。首先，在20世纪50年代，思想史家以赛亚·伯林（Isaiah Berlin）在一篇广受关注的文章中区分了"自由"（freedom）的两个概念。②他说，第一种自由是个人生活不受政治干预——他称之为"消极"自由。在提及自由时，也许人们脑海中最容易浮现的就是这种理解。然而，正如伯林所指出的，还可以想象另一种自由的概念，即一个人为了实现他或她自己的目标而做事或行动的能力。伯林直观地将其称为"积极"自由。

不难看出，实现这两个自由概念中的第一个并不意味着实现了第二个。一个人可能不受规则或习俗的约束，因而享有消极自由，但如果被剥夺了积极自由，个人便并不必然地有能力按照自己的意愿行事。本书后文将讨论为何会出现这种情况，但即使对这些情况并不了解，也能理解伯林所做的区分。

在继续讨论之前，应该指出的是，伯林本人几乎在对这两种

---

① 参见尼赫鲁［1958a（1947）］。——作者原注（本书注释如无特殊说明均为作者原注）
② 参见伯林［1968（1958）］。实际上，他此前曾使用过"解放"（liberty）一词，但这并无大碍。

自由概念做出区分的同时就对其实践意义表示怀疑。在同一篇文章中,他告诫道,积极自由的理念可能被专制政权用来掩盖其暴政。在这一点上,伯林似乎受到了他早期在苏俄经历的影响,后来,他从那里移民到了英国。20世纪50年代的英国建立了全球前所未有的福利国家制度,向公民承诺保障上述两种意义上的自由,但即便这样的良好氛围似乎也无法消除他的疑虑。

40年后,阿马蒂亚·森(Amartya Sen)构想了"发展"的概念,其方式与伯林的第二个自由概念如出一辙。他将"发展"定义为"自由的扩展"。[①]在森看来,自由应被理解为一个人追求其所珍视的"功能性活动"(functioning),即"存在和行为"的能力。这种能力被森称为"可行能力"(capability)。[②]这当然是一种具有积极自由精神的概念,而我们刚刚了解过这种思想。

然而,从实践的角度来看,森比伯林更进一步。他以个人所能实现的功能性活动来定义"可行能力",认为可行能力反映了一个人过一种或另一种生活的自由。[③]结合伯林和森的观点,我们可以看到,个人可行能力的总和代表了对其实现积极自由的限制。森的做法直接影响了人们所接受的经济发展理念,现在必须重新诠释这一理念。森似乎在暗示,当时民族国家和资金雄厚的全球机构普遍存在一种经济发展理念,这种理念过于关注商品而

---

① 参见阿马蒂亚·森(1999)。
② 这两个概念采用了中译本的译法,参见《以自由看待发展》第五章,阿马蒂亚·森著,任赜、于真译,中国人民大学出版社,2013年。——译者注
③ 参见阿马蒂亚·森(1999)。

非人。现在，经济发展应被视为"人"的发展，发展的目的是扩大个人的自由。商品对我们的生存仍然至关重要，但可行能力才是我们福祉的源泉。

需要注意的是，伯林和森似乎不约而同都不愿明确说明个人的目标到底是什么——前者将其称为"行为"（doings），后者将其称为"功能性活动"，二者被认为是有所关联的。对他们二位来说，其中的隐含之意是，这最好由个人来决定。这是政治上典型的自由主义立场。不过，森确实指出了发展可行能力的基础，从而说明了应该如何利用公共政策来促进"人口发展"（human development）。我稍后会再讨论这个问题。

最后，伯林和森都没有放弃消极自由的相关性。毕竟，法律或习俗的普遍限制与积极自由是无法相容的。

当个人可以自由地追求他们所珍视的功能性活动，亦即森所指的发展时，他们就享有伯林意义上的积极自由。尼赫鲁想象这种生活的前提条件就是消除贫困、无知、疾病和机会不平等。他在印度独立之际就明确提出，这一计划的目标应该是什么。但同样重要的是，他认为这一目标不一定必然能够实现。全文研读他的演讲就会发现，他对包括他本人在内的新统治者能否为印度人带来免于匮乏的生活并不乐观，即使可以有把握地认为，印度在可预见的未来仍将是一个民主国家。

正如我在叙述过程中将指出的，事实证明，尼赫鲁的评估具有先见之明。因此，尼赫鲁的重要性不仅在于他确定了印度民主的目标，还在于他提请人们注意印度在前行道路上所面临的各种挑战。随着我对印度经济发展历程叙述的深入，显而易见，尼赫

导言

鲁之后的印度领导人大多没有认识到这些目标和挑战。

一旦我们了解了印度独立之初所设想的目标，那么我们对印度自1947年以来经济发展历程的评估标准也就水到渠成了。只有当所有印度人都享有积极自由，从而能够追求他们个人所珍视的生活时，印度才可以说是成功的。这方面的结果在很大程度上与国家的经济发展历程有关。例如，经济增长对人口发展的影响与参与经济增长的人口规模密切相关。然而我相信，讲述印度的经济发展历程不仅与这种评估工作相关，而且具有教育价值。我最近任教的两所学术机构——一所是私立文理大学，另一所是公立管理学院的一部分——就像粉笔和奶酪一样迥异。然而，我的学生们有一个共同点，那就是对印度独立后的经济史缺乏了解，这让我十分惊讶。在许多印度年轻人的心中，我们在这段时间里根本没有取得任何进步，只是在1991年经济改革之后，经济才终于迎来了活力。如果说这种先入为主的观念还不够糟糕，那更令人震惊的则是无处不在的对未来的绝望情绪，即便成熟的学者也是如此！我认为，这种无望感与缺乏了解有关。印度迄今为止取得了哪些成就？又是什么阻碍了我们如1947年人们所想象的那样去建立一个民众欣欣向荣的国家？

造成这种误解的部分原因是缺乏一种对印度经济发展历程通俗易懂且基于证据的描述。因此，在撰写本书时，我认为自己的任务首先是用容易理解的方式描述这段历程，然后对其进行评估，并在证据的基础上进行叙述。在叙述过程中，我试图从政治角度——包括意识形态和社会力量——来解释印度的经济史，而这种政治在过去75年的不同阶段取得了胜利。事实上，在我看来，以1947年制定的目标来衡量印度所取得的进步，这种进步程度只能从印度的政治角度来理解。稍微提前多说两句，这一点可以从全国各地人口发展的巨大差异中看出来。鉴于这一特点，我们自然会问，为什么？如果所有地区的法律（包括经济法律）都是一样的，为什么有些地区会比其他地区发展得更好？回答这一问题的线索在于这样的事实：在一个幅员辽阔且多样化的国家中，推动进步的力量在很大程度上是地方性的，因此受到地方政治的作用。印度各邦人口众多，政治影响力也足够强大，可以制定各自的发展路线。这导致了全国各地的经济结果迥然不同。

本书内容结构如下：在接下来的四章中，我会描述印度从1947年至今（2022年）的经济发展历程。所采用的分期依据是政治发展或经济政策的重大变化，在每一个转折点上，都有其中一个因素占据主导地位。因此，第一个研究时期是1947—1964年，这一时期有理由被称为"尼赫鲁时代"，既是由于它遵循了独特的经济模式，也是由于作为印度首任且任期最长的总理，尼赫鲁对经济事务产生了非同寻常的影响。在本章中，我将首先介绍事实，然后仔细分析对当时经济政策的批评——这一做法近年来重新引起了人们的兴趣，最后提供总结性的评估。

第二个研究时期是1965—1990年。这一章以"分水岭"为题，以表明在关于印度经济演变的叙述中，这四分之一世纪往往被置于次要地位，只是标志着与过去的重要决裂。我使用了政治经济学来解释英迪拉·甘地（Indira Gandhi）领导下反复无常的经济政策，并评价了她对塑造印度经济所起的作用。这一章还介绍了拉吉夫·甘地（Rajiv Gandhi）的短暂任期，并评价了他的任期对印度的意义。

下一个研究阶段是1991—2013年。1991年经济政策制度进行了彻底的改革，俗称"经济改革"，其重点是使印度经济与世界其他地区的经济重新实现一体化，这也是本章标题的由来。本章首先讨论了这一制度变革背后的政治经济学，然后分析了变革的结果，最后评估了改革达到的实际成果，而不是某些人所认为的成果。

最后一个研究时期是 2014 年至今（2022 年）。在政治上，这一时期的特点是单一政党重新在议会中占多数，并出现了一位具有民粹主义风格的强势领导人。本章解释了莫迪政府的经济政策脉络，并从政策所导致结果的角度对其进行了辨析。

在叙述 1947 年以来印度经济发展历程的过程中，我还回答了一些我相信许多印度人都会感兴趣的问题。以下问题可以在本书中找到答案：尼赫鲁时代的经济政策带来了什么变化？如何看待英迪拉·甘地对经济的影响？拉吉夫·甘地以技术为导向的政策对国家有任何帮助吗？1991 年的经济改革产生了怎样的革命性影响？最后，纳伦德拉·莫迪表面上具有果断的政治领导力，然而他在多大程度上兑现了"好日子就要来了"的竞选承诺？

在本书中，我的目标是为非专业读者提供一种通俗的叙述。本书以广泛的研究为基础，而拙作《印度的经济增长：历史与展望》（*Economic Growth in India: History and Prospect*，2010）一书以及我随后在专业期刊上发表的文章也包含了同一主题的研究，其中可以找到专业人士通常会感兴趣的细节。

在本书的最后一章，针对印度的缔造者们在 1947 年设定的目标，我评估了在随后的 75 年中，这一目标在多大程度上得以实现。如前所述，这一目标与全球关于当代社会理想的社会和经济安排的讨论中所理解的"人口发展"密切相关。因此，我将重点放在印度的人口发展成果上，而不是对其他方面取得的进展——比如经济增长和现代化——进行更全面的评估，尽管印度在这些方面也取得了长足的进展。任何经济学家都会天然地对侧重于后两个方面的评估感兴趣，而我在阐述印度的经济发展历程时，也对后两个方面所言甚多。然而，印度独立时的承诺是，印度人很快就能自由地过上美满的生活，这包含在积极自由的理念中，并与人口发展密不可分。因此，只要仍有印度人没有能力追求他们所珍视的生活，那么实现5万亿美元的经济规模、印度经济完全融入世界经济，以及所有经济活动不受管制等目标就都是空洞的。[1] 在评估印度独立时的承诺在多大程度上转化为人口发展时，我将说明印度各地的悬殊情况。

在本书的结尾，我提出发展程度不平衡与全国各地不同程度的社会转型有关，尽管经济学家大多低估了这一论点的意义，社会学家却能立即产生共鸣。现在，事实正如我在本书最后一章所展示的，社会转型程度较高的地区收入也较高。然而，本书的重点是将人口发展本身作为目的，而不是将其作为促进经济增长的手段——因为1947年印度人所获得的承诺正是人口发展。

---

[1] 关于不同政治领导层所理解的经济政策目标的例子，请参阅下文："（印度财政部）部长说，尽管印度在1991年就开始了经济改革，但仍有许多工作要做。1991年所设想的改革本身并没有达成，由于很多原因，开放所需要的速度没有实现，企业必须从许可和配额制度中解放出来的速度也没有实现。"《印度教徒报》(The Hindu)，2021年10月5日。另见《泰米尔纳德邦可在10年内成为1万亿美元的经济体：蒂亚加·拉詹》(Tamil Nadu can become $1-tn. economy in a decade: Thiaga Rajan)，《印度教徒报》，2021年11月19日，蒂亚加·拉詹是泰米尔纳德邦的财政部部长。

第一章　突破

要理解印度在独立之后的 75 年时间里的经济发展历程——经济发展的动因以及为何会处在当前的位置——我们需要从它的起点开始，因为一个经济体总是会受到其此前所走道路的影响。① 需要了解印度经济所走道路的第二个原因是，我们能借此评估，它在多大程度上实现了 1947 年所设定的奋斗目标——正如导言所阐释的那样。

从经济角度来看，印度在 1947 年 8 月处在什么位置？近 200 年来，这个国家作为殖民地被征服、掠夺和剥削，这一进程以印巴分治的动荡告终。根据印度和英国的观察家对这一时期的记述，掠夺性国家带来的破坏程度和人道主义灾难都是触目惊心的。② 这些国家发展到殖民统治阶段后给印度人带来了令人忧虑的后果，虽然这一点很好理解，但其掠夺性质仍需要一些阐释。今天，当我们在经济学中使用"掠夺"一词时，我们往往会想到

---

① 动态系统（此处指发展中的经济体）的这种特性，被称为"路径依赖"。路径依赖已被观察到是经济演变的一个重要特征，反映在历史上，即经济体在大多数方面开始时相似，最终却大相径庭。人们只要想想印度独立后各邦的演变就能明白这一点。我在最后一章还会回过头来谈到这一问题。
② 分别参见杜特（Dutt，1902）和达尔林普尔（Dalrymple，2019）。

采掘行业，脑海里会浮现出采矿和石油开采的场景。① 然而，经济学术语中的"掠夺"不必局限于这一形式。对殖民地印度的掠夺是通过税收流出侵占该国的经济产品。最初，在东印度公司的统治下，这种掠夺所采取的形式是土地收入。后来，它又采取了向印度民众征收形形色色的税款的形式，其中最臭名远扬的便是内政费（Home Charges），而名义上，这是以让英国提供良好的治理服务为由而收取的。

在两个世纪殖民史的大部分时间里，印度大部分地区都处在英国的统治之下，其中只有大约 90 年是由英国政府直接管辖的。在剩下的时间里，印度都处在东印度公司的管理之下。那么，既然后者是一家公司——世界上最早的跨国公司之一——我们为什么要使用掠夺性"国家"这种说法呢？这是因为东印度公司完全符合霍布斯的观点，即国家是垄断使用暴力的实体。东印度公司通过军事手段获得了在印度大部分地区的统治地位，所以它实质上是一个国家，只是以公司的形式存在，表面上完全以盈利为动机，并代表了英国股东的利益。

东印度公司剥削印度的方式形成了一套体系，令人印象深刻。在普拉西战役（Battle of Plassey）② 之后，东印度公司获得了印度东部的大部分治权，开始通过征收土地税扮演事实上的国家

---

① "掠夺"和"采掘"在英文中均为同一单词"extraction"。——译者注
② 普拉西战役发生于 1757 年 6 月 23 日，是东印度公司与印度孟加拉王公之间的战争，后者背后有法国支持。东印度公司获胜，自此开始在孟加拉取得霸权。——译者注

第一章 突破

角色,从而掠夺印度的部分经济产品。这种掠夺是通过中间人,即柴明达尔(zamindar)[①]间接完成的。为了加大剥削力度,该公司很快在印度北部、南部和西部设计了其他形式的土地所有制,这种土地所有制将对农村经济产生非常长远的影响,即使在两个世纪后,实行柴明达尔制的地区发展水平仍低于其他地区。[②] 无论殖民地政府在印度不同地区建立的土地所有制形式有何不同,作为印度最大的经济部门,农业在殖民地时期并未获得繁荣。关于英属印度时期的农业增长情况,根据我们所掌握的唯一系统性证据,即乔治·布林(George Blyn)的研究表明,在英属印度时期的最后半个世纪里,除了小麦,大多数农作物的产量增长低于人口增长,而且随着时间的推移,增长率本身也在下降。[③]

殖民地印度的一个显著特点是反复发生饥荒。这些饥荒对印度人的生活造成了前所未有的影响。虽然殖民政府在饥荒中扮演了何种角色一直存在争议——一些人争辩道,这是印度的气候造成的——但正如阿马蒂亚·森所指出的,印度自1947年以来从未发生过一起饥荒,这一点尤为重要。在殖民地印度发生饥荒的情况下,我们便有理由相信,当时的政府并未采取措施来阻止这

[①] 柴明达尔是印度次大陆的地主阶层。英属印度时期,政府通过柴明达尔充当中间人,向农民征收赋税的制度,称为柴明达尔制。——译者注
[②] 班纳吉(Banerjee)和耶尔(Iyer, 2005)将其归结为这种土地所有制形式在初始阶段所导致的更大程度的不平等。
[③] 参见布林(Blyn, 1967)。

一灾害。

如果说在1770年发生的孟加拉饥荒的例子中，整个孟加拉区域并不完全在东印度公司的行政管理之下，1857年后发生的饥荒就不是这样了，当时印度已经直接接受英国王室统治，管理印度的官僚以代表英国国王的总督为首。历史学家安比拉詹（Ambirajan）引用的官方资料表明，殖民政府信奉马尔萨斯理论，受此影响不愿意干预饥荒。[①] 根据马尔萨斯理论，穷人无法抑制生育，最终人口增长的速度会远远高于食品增长的速度。这种现象将不可避免地导致出现饥荒，而死亡则是大自然控制人口增长的方式。这种理论最初是针对英国穷人而构想出来的，殖民统治者却将其转移到了印度，印度的饥荒被简单地认为是人口过快增长的后果。按照这种观点，既然穷人最终还会回到他们无法抗拒的"消遣"中去，那么防止饥荒导致死亡就是毫无意义的。安比拉詹的确承认，一些殖民统治者采取了更具有同情心的做法，例如爱尔兰人梅奥勋爵（Lord Mayo），但他得出结论，总的来说，殖民政策坚定地信奉马尔萨斯主义，不愿干预饥荒以挽救生命。

对于反复发生的饥荒，英国在印度的政策难辞其咎，这实际上可以在马尔萨斯的核心理论框架内得到理解。1947年后，粮食产量增加，印度人口出现了缓慢却有相当数量的下降，马尔萨斯曾对人口增长和粮食供应分别定下了看似不可更改的自然法则，印

---

① 参加安比拉詹（1976）。

度的民主秩序却将其成功扭转,并在一定程度上通过加强和扩大公共分配体系来照顾弱势群体——实际上,1943年到1944年孟加拉饥荒期间,英国殖民政府为支持战事,也做出了这样的安排。

1858年,以东印度公司为代表的国家式殖民企业让位于帝国殖民国家,英国女王开始其对印度的直接统治。值得一提的是,印度人虽然在原则上是英国君主的臣民,但英国已经是一个民主国家——从某种意义上来说,英国有议会,尽管议会的选举权有限。这是一个民主政体剥夺非本土民众政治权利的案例,对我们来说,认识到这一点十分重要。拿破仑统治下的法兰西共和国对待殖民地臣民的方式也如出一辙。因此,印度和英国关系中的殖民因素在1858年后并未发生改变,这一点也就不足为奇了。尽管在流出印度的无回报资金流中,土地收入所占的份额越来越小,但掠夺仍在继续。[①] 新的掠夺形式中,最突出的便是"内政费",收取这一费用的借口是,英国通过治理印度向其提供了服务,同时这也是对英国在印度投资的奢侈担保。使用由印度财政负担的印度军队来保护英国的帝国利益,殖民国家在两次世界大战期间强制征用特别"捐款"和贷款,这些方式成为财政外流的其他因素,它们取代了东印度公司统治下的商品流通。

达达拜·瑙罗吉(Dadabhai Naoroji)提出的"外流理论"(Drain Theory)尽管还不成熟,却让英国和印度公众都注意到了

---

① 参见慕克吉(Mukherjee,2010)。

这些非贸易性的单向资金流动。①据估算,这种外流不会超过印度国民收入的10%。虽然数额本身看起来并不是很大,但即使是小规模的流出,如果持续很长时间,最终也会累积成巨额资金。一项估算认为,印度从1765年开始流失的累积价值相当于1947年英国国内生产总值的38倍。②

最后,要评估英国在印度的统治所带来的经济后果,有一种总结性的方法,这与今天在全球范围内评估各国经济表现的方法并无差异。这种方法涉及研究收入的增长。关于英属印度的经济增长情况,有两份独立的研究报告,分别来自英国经济历史学家A.麦迪逊(A. Maddison)和印度经济学家S.西瓦苏布拉莫尼亚恩(S. Sivasubramonian)。③这两项研究对人均收入年增长率的估算结果十分接近,但并不完全一致。1900—1947年,麦迪逊的估算结果显示,人均收入有极其轻微的下降,而西瓦苏布拉莫尼亚恩的结果则显示,存在极其轻微的增长。根据这些数据,我们可以认为,在英国统治印度的最后半个世纪里,印度人的生活水平陷

---

① 参见瑙罗吉(1901)。不过,必须注意的是,英国的作者在此前已经写了10篇关于印度财富流失的文章,并试图在更早的时候对其进行量化。

达达拜·瑙罗吉(1825—1917),印度政治家、学者,国大党奠基人之一。1855年移居伦敦,1901年出版《印度的贫困和非英国式统治》(*Poverty and Un-British Rule in India*),引发了世界对英国掠夺印度财富的关注。——译者注

② 参见乌茨·帕特奈克(Utsa Patnaik)和普拉巴特·帕特奈克(Prabhat Patnaik, 2021)。

③ 参见麦迪逊(2001)和西瓦苏布拉莫尼亚恩(2005)。

入停滞，这也正是资金流出印度的时期。这表明，在煊赫一时的不列颠治世（Pax Britannica）①，真正的受益者只有英国人。

我概述印度的殖民统治情况是为了表达关于1947年印度经济状况的观点。图1.1是印度国内生产总值从1900年至今的变化情况，它有助于阐释我的观点。② 从图中我们可以看出，在经历了第二次世界大战期间的繁荣之后——人们相信，印度工业家在战争期间大发横财——印度国内生产总值出现骤降，1947年的国内生产总值比1930年还低。而在1930年，大萧条达到高峰，压低了印度主要出口商品的价格，对印度也产生了影响。除了战时繁荣的崩溃，印度独立之际发生的印巴分治也使殖民统治给经济带来了更长远的抑制效应。由于供应链被严重破坏，印度的生产遭遇重挫。一些主要产业位于后来归属于印度的大都市港口，而原材料却在后来归属于巴基斯坦的地区种植。在这方面，棉花和黄麻是最好的例子。印度是一个新的政治实体，企业家们会考虑其未来的不确定性并搁置他们的计划，私人投资也必然会受到影响。

---

① 指从19世纪至20世纪初的一个世纪里，在大英帝国的霸权控制下，欧洲主要大国之间战事较少，出现了相对和平的时期。——译者注
② 图中的横轴代表经济增长速度发生转变（即增加或减少）的日期，中间的数字是每个阶段的增长率（%）。需要注意的是，中断的日期是由统计程序估算出来的，而不是由研究者选择的。关于统计程序，参见巴伊（Bai）和佩龙（Perron，2003）。数据是将西瓦苏布拉莫尼亚恩（2005）和中央统计局（CSO）对国民收入的估算值结合起来，得到的一个以2011—2012年价格水平为基准的连续序列。

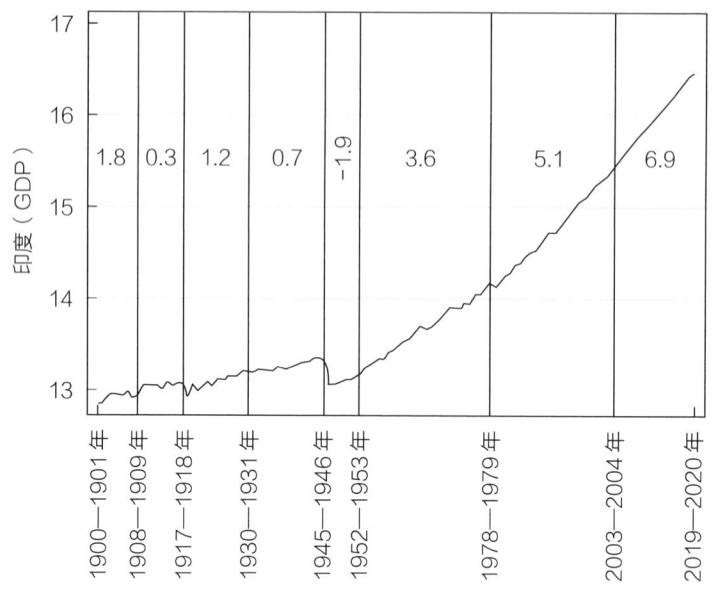

图 1.1　印度一个世纪以来的经济增长情况

印巴分治带来了社会层面的影响，这也可能给经济蒙上阴影。1947 年 8 月，大量移民越过尚未清晰划定的边界，并爆发了零星的骚乱，这个国家的方方面面看起来都在朝着失控的方向发展，更不用说经济了。凯恩斯用"动物精神"（Animal spirits）这一概念来描述经济主体基于对未来的情绪而采取行动的冲动，它可能是明显的悲观情绪。如果要借用我们这个时代的一句俗语来描述当时的情绪，肯定不会有人想到"好日子就要来了"。经济的贫困叠加政治的不确定性，印度的政治领导层要如何处理这种情况？他们的做法便是我们下一阶段要研究的内容：印度独立初期的经济。

第一章 突破

想象后殖民时期的经济

从 20 世纪 30 年代末开始，领导民族运动的国民大会党（The Congress Party，简称国大党，下同）便一直在为独立后的印度制定经济愿景。国大党也为实施这一愿景采取了初步措施。在这方面，1938 年成立的国家计划委员会（National Planning Committee）是一个重要的里程碑，该委员会由贾瓦哈拉尔·尼赫鲁担任主席，而苏巴斯·钱德拉·鲍斯（Subhas Chandra Bose）[①]是当时的国大党主席。印度工业化的计划很有可能就是在委员会的早期审议中酝酿的。有趣的是，印度独立后的经济政策有着"非同凡响"的来历，都是由拥有国际知识视野的重要政治家和独立专家提出来的。然而，几十年来，这一巨大的优势丧失了，经济政策的制定过程被狭隘的党派政治所吞噬，这意味着独立的经济学家越来越不愿意参与其中。

那么，国大党国家计划委员会的愿景是什么呢？首先，它设想要去除印度经济在 20 世纪 30 年代的决定性特征，即普遍存在的极端贫困。消除贫困要通过工业化来实现。当下的许多经济论述总是过度关注经济架构——是否应该以市场为基础，以及是否允许国家干预——但在当时这方面的讨论要少得多，政治领导层

[①] 鲍斯（1897—1945），印度激进独立运动家、政治家和社会活动家，印度民族解放运动的领导人之一，1938 年成为印度国大党主席，但因和甘地政见相左，于次年辞职。后离开印度并死于飞机失事。——译者注

似乎只是认为国家必须发挥主导作用。而这个角色的确切内涵则要等到20世纪50年代，当马哈拉诺比斯（Mahalanobis）[1]在指导经济政策问题上占据核心地位时才能见分晓。但是，人们似乎已经理所应当地认为，计划经济是应该存在的。

印度独立初期经济政策的批评者对印度政治领导层的这种做法有过许多抨击，他们认为，这意味着沿袭苏联的发展模式。这里有两点需要注意。尼赫鲁本人曾公开表示，鉴于印度问题的独特性，印度经济的未来不可能通过参考美国或苏联的经济模式来保证。但是，印度需要计划经济的想法不得不说是受到了某种对苏联经验外溢效应的理解的影响，而这种认知并不局限于国大党的政治家。20世纪30年代，来自迈索尔（Mysore）、具有远见卓识的工程师M.维斯韦斯瓦拉亚（M. Visvesvaraya）不无钦慕地谈到，苏联从一个落后的经济体变成名副其实的工业强国，取得了巨大的成就。有趣的是，他的信息来源于国际联盟（League of Nations）的一份经济报告，而国际联盟是一个由西方大国领导的机构。[2]这极有可能是因为，他从自己学科的特定角度来看待这个问题，对苏联在如此短的时间内取得的工业实力产生了深刻印象。作为一个实际从业者，维斯韦斯瓦拉亚不太可能为意识形态所左右，他对苏联工程成就的评价是颇有预见性的。在后来打败

---

[1] 马哈拉诺比斯（1893—1972），印度科学家、统计学家，他参与制订了印度独立后第一个五年计划，被尊为印度现代统计学之父。——译者注
[2] 参见维斯韦斯瓦拉亚（1936）。

第一章 突破

希特勒的过程中，苏联发挥了重要作用，苏联红军于1945年率先抵达柏林。如果没有强大的、与德国相当的工业实力，这是不可能完成的，而在苏联诞生之时，德国已经是一个重要的工业大国了。

有趣的是，印度一些重要的工业家提出了一个并非基于苏联经验，却设定了国家主导作用的工业化计划，被称为"孟买计划"（Bombay Plan），该计划提议建立一个让国家在他们所认为的经济核心部门发挥重要作用的经济架构。这份文件不容置辩地论证了政府干预的必要性，但没有以任何方式削弱私营部门的作用，它富有前瞻性地意识到了"市场与国家"这个论题，而该论题将在20世纪80年代以来的全球辩论中占据主导地位。与当下印度国内各种喧嚣的意识形态之争相比，孟买计划是一个极有思想价值的经济计划。

总的来说，人们花了太多时间来草草批判独立后的印度在意识形态上基于苏联模式而采取的经济政策。这种批判本身就是一种意识形态的做法，因为它所坚持的立场是，对经济安排的评估应该完全基于它们与某些观点的接近程度，而不是与预期结果有关。协同推进工业化本身并不意味着这是一种由意识形态驱动的方法。德国就是一个例子，在19世纪，工业化是德国的一项国家政策。早在19世纪30年代，普鲁士思想家弗里德里希·利斯特（Friedrich List）就首次明确提出，要将保护国际贸易作为工业化的一个方面。接着，德意志帝国宰相俾斯麦将工业化作为国家经济政策的一部分。20世纪中叶，韩国也将工业化作为一项国家目标。有趣的是，韩国有一个正式的国家规划机构，有人指出这正是受了印度计划委员会的启发！最后，一个可能会让许多人感到惊讶的事实是，第一个工业化国家，也就是英国，是通过保护主义的贸易政策来引导其工业化进程的。①首先，为了保护英国当地的羊毛产业，印度棉纺织品的进口受到各种限制。其次，在20世纪，英国在印度强制实施帝国特惠制（Imperial Preference），凭借这一安排，进口自英国及其他英联邦国家的产品享有优惠待遇。此举是为了保护英国制造业的利益免于日本的竞争，这只是以另一种名义实行保护主义。英国还通过关税为殖民时期的印度政府增加收入，而正如前文所述，这些收入最终都作为印度财政外流的诸多条目之一流回了英国。

国家独立后，印巴分治的动荡一旦平息，尼赫鲁便满怀热情地转向了经济重建的任务。他长期以来的亲密同事拉菲·艾哈迈德·基德瓦伊（Rafi Ahmed Kidwai）观察到，尼赫鲁"沉迷于外交事务"，减少了他本该花在经济上的时间。②这很有可能是事实，因为尼赫鲁确实认为，印度在新兴的世界秩序中可以发挥重要作用。然而，即使粗略地浏览一下他关于国家所面临挑战的演讲，就会发现他对印度经济给予了极大的关注。③无论如何，很难想象一位执政17年的总理会对国家的经济问题不加过问。事

---

① 参见斯科特（Scott，1997）。
② 引自杜尔加·达斯（Durga Das，1969），第379页。
③ 印度政府出版司（Publications Division of the Government of India）将尼赫鲁的诸多演讲汇编成了多卷本，其中卷三的演讲对应我们此处研究的时期。

实上，尼赫鲁的演讲显示，他对经济管理的细节所知甚多，从农作物产量到扩大工业生产的重要性都是如此。1950年，在启动实现工业化目标的规划时，尼赫鲁成立了计划委员会（Planning Commission），并担任委员会主席。这很可能是他出于个人意志而采取的行动，甚至没有得到他所有内阁成员的支持。财政部部长约翰·马塔伊（John Mathai）是一名经济学家，也是塔塔之子公司（Tata Sons）的董事，他在委员会成立后不久就辞职了，理由是其剥夺了财政部的权力。马塔伊是孟买计划的签署人之一，他的辞职也说明，孟买计划的制订者们在一定程度上是模棱两可的，他们既认为国家作为投资者在重要领域发挥作用是合法的，又对国家对私营部门的监管权力感到不安。

随着计划委员会的成立，计划经济于1951年启动，一系列的五年计划应运而生，直到2014年纳伦德拉·莫迪撤销该委员会。

然而，计划经济虽然始于1951年，却在5年后才开始步入正轨。这一发展可以直接归功于印度人P. C. 马哈拉诺比斯。马哈拉诺比斯是一名物理学家，在职业生涯早期，他就将统计学作为他的实践领域。到20世纪50年代，他已经是一位享有全球声誉的统计学家。他关于印度经济的著作表明，他知晓在全球范围内出现的经济增长的实际经验。自国家计划委员会成立之初，他就参与了该委员会的工作，并对尼赫鲁有着个人影响力。

马哈拉诺比斯对印度经济规划和发展的贡献体现在1956年启动的第二个五年计划的支撑模型上。[①] 我们可以把它比作一个

---

① 参见马哈拉诺比斯（1955）。

投入-产出模型。简单地说，就是将经济视为由两类商品的生产构成，即资本货物和消费品。在这个模型中，资本货物进入消费品和自身的生产，而令人惊讶的是，消费品却根本不能算是生产投入。有趣的是，与当时公认的经济理论不同，资本不受收益递减的影响。现在，由于资本货物进入了两种类型商品的生产，在给定的投资支出中，分配给资本货物生产的份额越大，如果能无限期地进行下去，就会导致最终产出增加，即便是消费品，随着时间的推移也会增加。情况就会变成，当下增加对资本货物生产的投资，经济中会有更多的资本货物，因此未来就会有更大的产出。马哈拉诺比斯用数学方法证明了这一点，并通过模拟演练表明，将较大份额的投资用于资本货物生产，将使得收入在此后的某个时期急剧上升。收入上升延迟是因为在资本货物的生产中，投资和产出之间会出现比消费品生产更长的滞后期。因此，虽然当下更大的消费品投资份额可能会导致总产出最初以更快的速度增长，但从长远来看，将更多份额用于资本货物的生产会得到更好的结果。

最后，马哈拉诺比斯设想，通过一个类似于收益递增的过程来提高资本货物生产投资的生产率。随着经济规模的扩大，生产资本货物的工厂的利用率也会提高，从而产生更大的盈余——因为固定成本分摊到了更大的产出之上。随着经济扩张，这将导致增长率上升。在理解印度接下来的增长轨迹时，牢记该模型的这一要义是非常有用的。

马哈拉诺比斯模型招致了多方面的批评。首先，最重要的是，有人指出它忽略了储蓄问题。事实上，它不得不忽略储蓄，因为从上面的描述可以看出，它本质上是一个投入-产出模型，而不是一个经济模型。虽然该模型是基于投资,但它并没有指出必要的储蓄会从哪里来。显而易见的是,如果生产没有充分扩大,以提供与投资规模相对应的储蓄,就会发生通货膨胀。事实上,这种情况很快就在印度出现了。第二个五年计划启动后的几年内,通货膨胀率上升。然而,我们尚不清楚是否应该因为这一点对马哈拉诺比斯模式提出控诉。通货膨胀是在供给增长缓慢的情况下,由不断增加的食品需求引发的。经济的任何扩张,即使是由私营部门主导的扩张,如果没有与之相应的食品供给增长,都会引起通货膨胀。可以说,在该模型的逻辑下,增加食品供给的问题在某种程度上被低估了。但我们很快就会看到,包括尼赫鲁在内的规划者并没有低估这一点。

对马哈拉诺比斯模型的第二个批评是其忽略了国际收支的问题。[1]这也许是因为在通货膨胀率上升的同时,也就是第二个五年计划启动后不久,印度面临着国际收支的压力。但这种批评是错误的。首先,国际收支危机与财政部在1955—1966年实施的消费品进口自由化政策和出人意料的海外国防采购有关,这两件事都与第二个五年计划的投资支出无关,因为第二个五年计划旨在将重点放在国内生产的资本货物上。其次,批评马哈拉诺比斯没有考虑国际收支平衡是很奇怪的。他之所以设想扩大国内生产,确切的原因是避免在一个不确定的全球环境中赚取外汇。为了说明这一点,他举了一个化肥厂的例子。如果化肥需要进口,

---

[1] 这两点都是由德赛(Desai,2007)提出的。

这家工厂便可以节省进口所需的稀缺外汇。而且，马哈拉诺比斯也不是没有想过应该加大出口力度。他认为，通过工业化，印度将有能力出口部分产量增加的产品，而这一情况确实在20世纪70年代末发生了，尽管出口规模从来都不大，不足以让印度在外汇方面高枕无忧。不过，扩大轻工业产品出口的可能性确实存在，尤其是更积极地推进纺织品的出口。

第二个五年计划启动后出现了通货膨胀率上升和国际收支危机，但不足以使支撑该计划的马哈拉诺比斯模型受到明显的抨击。这个模型实际上只是制订更大的工业化计划的工具，而这个项目是否成功，必须在一个比几年时间稍长的时期内进行评估。现在，我要谈的就是这种评估。

不过，我们的首要任务是确定当时经济政策的目标。由于尼赫鲁在民族运动中发挥的作用，他在国大党中拥有不容挑战的威望，他的个人目标就是最重要的事，以及他认为如何能实现这一目标。1956年5月，他在议会宣布的改善措施中有一段简洁的陈述："全部准则就是要利用一切可能的增长方式，而不是囿于教条主义理论，也不要想当然地认为，我们只要依照某些100多年前的教科书准则行事就能实现增长。"[①] 鉴于前一年，尼赫鲁在国大党的阿瓦迪会议（Avadi session）[②] 上提出了一项保证"社会主义

---

① 参见尼赫鲁［1958b（1956）］。
② 1955年2月，国大党在印度南部城市阿瓦迪召开会议，将社会主义作为党的目标，强调社会主义对社会发展的重要性。这次会议在国大党历史上具有重要意义。——译者注

的社会模式"的动议,并对"经济的制高点"掌握在国家手中表示赞赏,这段话出人意料地显示出其清晰的判断能力,并摆脱了意识形态色彩。他似乎已经认识到,如果没有增长,消除贫困的计划就无从谈起,因此,最大限度地实现增长才是最重要的。他并非没有意识到再分配的可能性,但他的讲话显示,他认为这种短期行为会导致未来的产出减少。

在研究20世纪50年代的经济史时,我遇到了一位跨国银行的印度主管,他对尼赫鲁的立场表示钦佩,并表示在一个政治家容易受诱惑去"分发衣物"的时代,启动巴克拉-南加尔水坝项目(Bhakra-Nangal dam)需要相当坚定的政治信念。经济政策的批评者很少认识到民主国家的领导人所面临的政治挑战。尼赫鲁决心使印度走上更高速的增长道路,与21世纪以分配主义为指导选择经济政策的各种印度政党形成了明显对比。左翼的联合进步联盟(United Progressive Alliance,UPA)在其第二任期(2009—2014)和右翼的全国民主联盟(National Democratic Alliance,NDA)在其第二任期(2019—)所采取的分配主义政策对印度经济增长的贡献甚微,这在评估尼赫鲁所采取的政策转向时可以作为一个参照标准。但现在来详细讨论这个问题还为时过早。我们还没有看到尼赫鲁和马哈拉诺比斯打算如何实现他们的目标,即如何在一个贫困的经济体中实现最大化的增长。

到20世纪50年代中期,政治领导层已经确定其目标,即通过工业化来消除贫困,并设想了能使印度实现这一目标的经济政策。这种组合被经济学家、五年计划的设计师苏卡莫伊·查克拉瓦蒂(Sukhamoy Chakravarty)称为"尼赫鲁-马哈拉诺比斯战略"。① 了解这一战略的具体内容至关重要,因为它一直以来招致了许多批评。马哈拉诺比斯认为他的模型,也就是我们上面提到的模型只是一个"脚手架",一旦其展示可能性的目的达到了,它就会被拆除。他认为经济规划是将投资引向他的模型所指定的方向的一种手段,同时能在经济中创造产能和产生需求。机械制造部门的投资将由政府承担。如今,经济理论已经论证了对这些部门进行公共投资的必要性,理由是私人资本家可能对在一个不确定的环境中投资长期项目"缺乏耐心"。我们无法确定,20世纪50年代的规划者们的动机到底是什么,或许这一战略与尼赫鲁意欲掌控与国计民生相关经济领域的倾向一致,很有可能会令他满意。

但尼赫鲁也清楚地知道,私营部门可以发挥作用。"我可以在这里这么说吗?虽然我支持公共部门的发展,但我不理解,也不赞成对私营部门的谴责……我们谈论国有化,好像它是一种对所有疾病都行之有效的灵丹妙药。我相信,最终所有的主要生产资料都将归国家所有,但我不明白为什么现在只是为了满足某种理论上的冲动,就得去做妨碍我进步、妨碍我增加生产的事。"② 然而,根据计划,私营部门将受到控制,这种控制将以投资许可的形式出现。这样做的理由是,如果经济计划是为了引导资源投入与工业化的目标相一致,那么资源就不应该用于有损于实现这一目标的领域。因此,私营企业家投资计划的命运就掌握在了官

---

① 参见查克拉瓦蒂(1987)。
② 参见尼赫鲁[1958b(1956)]。

僚手中。其后果不能简单地予以假设，而需要像如下所述，对其进行评估。

根据尼赫鲁-马哈拉诺比斯战略，公共投资流向了我们称作资本货物的生产领域，如机械工具、重型电器、运输设备以及工业化背景下最基本的中间产品——铁和钢。第二个五年计划之前，在马哈拉诺比斯模型的论证支撑下，印度独立后的第一批基础设施项目集中在电力和灌溉领域。比如巴克拉-南加尔水坝和讷格尔朱纳萨格尔（Nagarjunasagar）水坝等突出的例子，此外还有很多其他项目。在前三个五年计划期间，即超过15年的时间里，国家主导的经济推动力沿着向工业倾斜的方向，以不同的强度持续推进。为了将这些投资分布在全国各地，地点的选择也费了一番工夫，逐渐形成了一个由公共部门的钢铁厂、矿山、电力项目、水坝和机器制造厂组成，并由运输通道相互连接的网络。社会学家萨蒂什·德什潘德（Satish Deshpande）认为，这相当于"把国家想象成一个经济体"。[①]毫无疑问，尼赫鲁希望通过工业化建立一个自力更生的印度，这一目标是建立在民族主义的意识形态之上的。下面，我要对其影响进行评估。

殖民时期的停滞状态之后

表1.1中的数据来自国民收入史学家S.西瓦苏布拉莫尼亚恩的著作，特别适用来评估尼赫鲁时代印度经济的表现，因为其

---

① 参见德什潘德（1993）。

反映的是20世纪上半叶之后印度的经济情况。这些数据是3个经济部门的平均年增长率,大致相当于我们所理解的农业、工业和服务业。仅从这些数据中就可以得出结论:在尼赫鲁时代,印度经济发生了显著的变化。

表1.1 英属印度殖民地时期与尼赫鲁时代印度经济表现的对比

	1900/1901—1946/1947	1950/1951—1964/1965
第一产业	0.4	2.6
第二产业	1.5	6.8
第三产业	1.7	4.5
国内生产总值	0.9	4.0
人均国内生产总值	0.1	1.9
人口	0.8	2.0

注:数字为年均增长率(%)。
来源:西瓦苏布拉莫尼亚恩(2000)。

首先,与英属印度的最后半个世纪相比,经济实现了3倍以上的增长。在英属印度时期,人均收入或多或少地出现了停滞,而现在的人均收入高速增长,是英属印度时期的19倍。如果人口增长率保持不变的话,人均收入增长还会更快。而更快的人口增长速度实际上可能就是经济进步的反映。要深入分析1947年后印度人口快速增长的原因,必须考虑到这一时期出生率和死亡率的变化,我们可以基于全球各国的历史,对影响人口增长率变化的因素进行大致的观察。比如,美国在20世纪40年代出生率

第一章　突破

有所上升，这也许反映了美国民众在第二次世界大战后出现的乐观情绪。值得注意的是，美国是唯一在战争期间国内生产总值上升的主要经济体。同样，苏联解体后，俄罗斯的出生率在20世纪90年代下降，这可能反映了其悲观情绪，人们不愿意在政治不稳定和经济贫困的背景下生育下一代。因此，尼赫鲁时代印度人口急剧上升可以视为印度人对未来感到乐观，因为他们可以看到经济正在发生变化。人们总是怀疑，那个时期的印度人是否对他们的经济前景感到乐观，这种误解本不应该出现。摆脱殖民时期的停滞状态以后，印度人事实上实现了经济上的突破，他们不可能对这一点无动于衷。

也许印度经济发展的其他阶段从未遭遇过尼赫鲁时代那样多的批评。但批评是引发知识讨论的助燃剂，应该予以辨析。那么，对尼赫鲁处理经济问题的具体批评有哪些呢？我认为有4点值得讨论。首先，有人批评其采取的经济政策忽视了农业；其次，公共部门是无用的累赘；再次，私营部门受到压制；最后，有人断言经济政策本身就有缺陷。我将依次讨论这些问题。

虽然20世纪50年代经济政策的目标是工业化，但无论如何，农业受到忽视的说法都是错误的。尼赫鲁的观点"除了农业，其他一切都可以等待"概括了当时领导层的态度。在任何情况下，工业化与农业进步都不是相对立的。在西方，农业产量随着工业化的发展而大幅增加，当今世界小麦产量最高的一些记录都是在第一个工业化国家——英国出现的。这并不令人惊讶，因为工业投入对于提高农业生产力至关重要，它们是以拖拉机、水泥灌溉沟渠和化学肥料的形式出现的。值得再次强调的是，马哈拉诺比斯是以国内化肥生产为例来证明工业化能够节省稀缺的外汇的。即使最基本的农具也需要铁来生产，而在1947年，印度的铁严重匮乏。因此，我们可以看到，工业化的目标和农业进步之间并不存在必然的矛盾。事实上，如果要快速推进工业化，必须提高农业生产力，因为随着劳动力离开农场到工厂工作，剩余的农业从业者必须提高人均产量。即使农学知识的进步和实验室开发的优质种子有助于提高农场的产出，我们也很难想象在没有工业化投入的前提下实现这一点。包括食品在内的消费品生产需要现成的资本货物，而从根源上来说，这些资本货物本质上是工业化的，马哈拉诺比斯模型本身就包含了这一理念。规划的过程似乎已经认识到这一点，第一个五年计划就是诸多水坝和电力项目的集合。

最后，已经建成的基础设施并不只是服务于工业，农业定然也会受益于公共投资建造的桥梁和道路。两位近距离观察过当时规划过程的经济学家，即V. K. R. V. 拉奥（V. K. R. V. Rao）和拉杰·克里希纳（Raj Krishna）明确指出，农业在20世纪50年代的经济政策中受到忽视的说法是不正确的。[1] 实际上，数据可以清楚地说明这一点。从表1.1中我们可以看到，尼赫鲁时代进步最大的经济部门是农业。在三个部门中，农业在当时经济中的份额是最大的，因此农业增长对经济复苏的贡献在当时也是最大的。[2] 我们需要更好地理解这种增长的意义。同样，从同组数

---

[1] 参见拉奥（1971）和克里希纳（1980）。
[2] 关于具体的增长量级，参见巴拉克里希南（2010）。

据中我们可以看到，农业在英属印度的最后半个世纪几乎没有增长，而其他两个部门则不一样，它们在这一时期确实获得了增长。正是这一点使尼赫鲁时代的农业表现成为一项非常重要的成就，这是经济政策的胜利。

我已经提过，美国经济学家乔治·布林的研究表明，在英属印度时代，大多数农作物的增长速度远远低于人口的增长速度，这意味着人均产出在下降；稻米的实际产量也下降了。现在，1947年之后，农业生产的增长速度首次超过了人口的增长速度。这在一个忽视农业的制度下几乎不会发生。事实上，除了计划委员会的经济学家们的技术性计算，印度的政治家们还在20世纪50年代直接领导了一场"种植更多食品"的运动。尼赫鲁本人也表现得对农业颇为了解，例如印度的作物产量与世界上其他地区相比如何。当时的结果会让今天的政治家们羡慕不已。

对尼赫鲁-马哈拉诺比斯战略的第二点批评是公共部门成了无用的累赘。诚然，在20世纪50年代，公共部门在经济中广泛存在，询问它的表现也是合理的。事实上，这一问题的答案正是我们评价该战略的要素。尼赫鲁-马哈拉诺比斯战略的主要推动力是不断扩大的、为工业化提供投入的公共部门。无论印度公共部门在其存在的70多年里有怎样的历史，对其表现的真正考验是，尼赫鲁时代存在着一种要制约它的意愿，而它在这种情况下是如何推进的。鉴于公共部门的资源集中在工业部门，衡量公共部门表现的一个粗略标准是工业实现的增长率。我们在表1.1中发现，第二产业——主要是工业——在尼赫鲁时代增长了3倍多。但这只能作为公共部门发挥作用的间接证据，因为在1947

年，工业中确实有大量的私营企业存在，一些增长可能是由私营企业推动的。与公共部门成为累赘的论点密切相关的是，有人认为公共企业吞噬了私营企业的储蓄。为了弄清这背后的真相，我对公共企业和私营企业的储蓄情况进行了比较。1950—1965年，公共企业的储蓄增长速度实际上超过了私营企业的储蓄增长速度！① 因此，无论后来印度的公共企业发生了什么，在尼赫鲁时代，这些企业实际上创造了储蓄，并没有成为印度公众的负担——正如有人声称它们是无用的累赘那样。当然，并非所有的公共投资都能从公共企业的储蓄中获得资金。因此，公共部门确实会向公众借款，但私营企业也是如此。它们都会通过向家庭部门借款来为其投资融资。

实际上，人们大可不必为公共企业的储蓄为正，并且比私营企业的储蓄增长得更快这一事实感到惊讶。当时的规划者和政治领导层对公共部门应该发挥怎样的作用有清晰的认识。他们倾向于认为，公共部门除了在振兴经济和通过工业化走上高收入之路方面发挥作用，还是一种调集资源的工具。因此，我们看到马哈拉诺比斯曾考虑，让国家贸易实体发挥可能的作用，因为人们认为贸易中的加价是很高的。不管这种建议的理由是什么，当时不仅没有反对公共部门盈利的意识形态倾向，公共企业也没有出现亏损。

尼赫鲁1962年在班加罗尔（Bangalore）的一次演讲就生

---

① 巴拉克里希南（2010）。

动地说明了这一点。在印度斯坦机床公司（Hindustan Machine Tools）第二家工厂的落成典礼上，他指出，这是印度的一个特殊时刻，因为第二家工厂的融资来自第一家工厂的盈余。在如此短的时期内实现这一点，这在今天看来是非常了不起的，因为我们已经把公共部门与低效和懒惰绑定在一起了。有趣的是，尼赫鲁在这个场合很可能选择使用"盈余"（surplus）一词而非"利润"（profit），因为后者与资本主义相关，但这并不影响我这一观察的重要性。在当时政治领导层心中，公共企业不仅需要支付自己的费用，还要为国家的公共储金贡献资源。在一个贫穷的国家，如果它们不得不一直由公众补贴，那是行不通的。

对 20 世纪 50 年代经济政策的第三点批评是其压制了私营企业。前企业高管、作家古尔恰兰·达斯（Gurcharan Das）的以下言论很好地概括了这一观点："尼赫鲁和他的规划者试图通过国家机构进行工业革命。他们不相信私营企业家，所以他们把国家变成了企业。他们失败了，这不足为奇，而印度至今仍在为他们的愚蠢付出高昂的代价。"[①] 值得注意的是，马哈拉诺比斯模型并没有对公共企业和私营企业进行区分。该模型只显示了将资源分配给资本货物生产而非消费品生产给国民收入增长带来的后果。一个以此为基础的战略完全可能由私营企业推动。然而，当时的工业政策并不是中立的，而是为公共投资专门保留了一些领域。此外，私营企业必须申请许可后才能在被允许的领域进行投资。因此，毫无疑问，私营企业确

---

① 参见达斯（2000）。

实受到了控制，可以说这是过度的，甚至是不必要的。但我在前面阐述的发放许可的理由与达斯所说的"信任"无关，而是与稀缺资源的最优配置有关——也就是经济学家所说的"投资规划"。

然而，了解私营企业在这一时期的表现也很有意思。我自己的计算表明，在尼赫鲁时代，私营企业投资在国民收入中的占比不仅增长了2.5倍以上，而且实际上比公共投资增长得更快。[①] 这一证据很难说明私营企业受到了"压制"。此外，尽管存在监管，但当时所推行政策的整体效力不可能不对私营企业的扩张产生有利影响。尼赫鲁-马哈拉诺比斯战略所做的是通过公共投资增加产出。公共部门不断增长的总产出也为私营企业提供了一个不断增长的市场。我们已经看到，以国内生产总值的加速度来衡量，产出扩张会达到怎样的程度。无可辩驳的是，正是由于公共投资以前所未有的规模扩大了私营企业的市场，作为整体的私营企业成了尼赫鲁-马哈拉诺比斯战略的受益者。用更正式的宏观经济学语言来说，在印度经济发展的这一阶段，公共投资很可能"挤入"了私人投资。需要注意，这里是把私营企业作为一个整体。事实上，许可制度会将一些申请者拒之门外。因此，并不是每个人都能分享到经济扩张的盛宴，除了那些能争取到高层资源的私营从业者，其他人很难分一杯羹。

这一现象表明，"市场"这一术语存在着其他用法。在经济理论中，市场是一种安排，其结果就是私营主体相互作用，不受

---

① 参见巴拉克里希南（2010）。

国家的管制。然而,"市场"一词也被用来指代对私营主体所生产的商品的需求。这方面最好的例子也许是亚当·斯密的观察结果:"劳动分工受市场范围的限制。"需要注意,这个意义上的市场可以扩大,而这对私营生产者来说是有利的,因为在国家的刺激下,总需求增长了。在20世纪50年代印度的混合经济中,私营企业的市场在公共投资的作用下实现了增长。如果没有公共投资,当时印度的私营企业是否会有如此大的扩张,这一点并不明确。亚当·斯密认为,私营企业明显不可能在所有情况下都自力更生,这一点从引自《国富论》(*The Wealth of Nations*)的段落中就可以看出来。在这里,他用"市场"一词来指代需求,并暗示其产品市场的增长并不总是掌握在企业手中。关于20世纪50年代印度经济政策的流行观点强调控制的负面影响,而这些控制属于政策制度的一部分,但这种倾向忽略了同一制度对宏观经济产生的影响。制度本身以及鼓励私人投资的措施定然会推动经济发展。除了创造产能,尼赫鲁-马哈拉诺比斯战略所做的是在经济中创造需求,此举对私营企业是有利的,这一点从私营企业的扩张速度就可以看到。

对尼赫鲁时代经济战略的第四点批评是,印度的领导层选择了错误的增长模式。这种模式被称为"进口替代型工业化"。这一特征本身只有在高关税的情况下才有意义,因为在一个开放的经济中,所有的国内生产都有可能减少进口量。当然,我们不会把今天英国的钢铁生产作为一个进口替代的例子。因此,"进口替代型工业化"是明确用来指通过关税或/和数量控制将进口产品阻挡在外的情况。事实如此,直到1991年,印度的政策还包括这两种措施。拉丁美洲是世界上另一个大致存在着类似政策的地区。

在 20 世纪 70 年代，国际上出现了对这种战略的批评。其中第一个批评之声是经济学家贾格迪什·巴格瓦蒂（Jagdish Bhagwati）和帕德马·德赛（Padma Desai）对印度经验的研究报告，报告题为《印度：工业化规划》（India: Planning for Industrialisation），这可以看作是对尼赫鲁-马哈拉诺比斯战略的批评。巴格瓦蒂和德赛的主要观点是，通过保护将经济隔离在外国竞争以外，会导致国内工业成本居高不下，使其无法在世界市场上竞争。进口替代型工业化的批评者还认为，在这样的制度下，由于限制了进口，汇率往往会被高估。因此，这种制度天然就是反出口的。最后，有人指出，一个国家的产品要在世界市场上获得成功，必须使用世界级的中间投入，而进口限制排除了这种可能性。巴格瓦蒂和德赛的批评中最重要的一点是，将投资许可和官僚主义的外汇分配相结合，不如使用市场机制来实现工业化的目标更为有效。

这些都是重要的批评意见，而且必须承认，它们在当时的印度并没有得到足够的重视。当时的政治气候不利于采取对市场更加友好的经济政策。然而，20 年后，政治气候发生了有利于市场的急剧变化。在本书后面的章节里，我们将有机会结合巴格瓦蒂和德赛的论点，研究政策转变的后果。但在本章，根据他们的论点，工业保护导致了汇率被高估，因而限制了出口增长，而且在 1967 年确实发生了一次重大的汇率贬值，不过这没有对国际收支产生重大影响。①

---

① 参见卡明斯（Cumings，1984）。

尽管对国家干预（包括保护政策）存在理论上的合理质疑，但大多数试图在第二次世界大战后实现工业化的国家都严重依赖国家对经济的指导。这些国家都是所谓的"后发工业国"，它们在西欧、美国和日本已经具备重要的工业生产能力时才开始工业化道路。它们并不确定，如果把发展工业基础的任务留给市场机制，这一任务是否能够完成。事实上，正如人们所争论的那样，成功的东亚后发工业国在经济道路上都是官僚主义的，在政治上则是威权主义的，因此才有了"BAIR"这个缩写，即"官僚威权主义的工业化政权"（Bureaucratic, Authoritarian Industrialising Regimes）。

人们常常错误地认为，这些国家之所以能够发展，是因为它们在最近的历史中有很大一部分时间采取了独裁统治。反过来说，这就意味着印度无法发展，因为它是一个民主国家。这是一个极端懒惰的推理。包括中国在内的东亚国家之所以取得显著的进步，是因为他们选择了正确的政策，即有助于增长的政策。几乎每个国家都是这样，它们从农业部门的现代化开始，同时将资源投入民众的教育。随后，包括中国在内的所有国家都实现了出口的增长。在这些发展中，国家都在引导投资和为私营企业提供资金方面发挥了作用，对基础设施的公共投资也非常高。这是包括中国在内的这些经济体的共同路径。中国的独特之处还在于，公共企业①的生产份额非常大，而东亚其他国家更多是靠私营企业驱动的。但正如罗伯特·韦德（Robert Wade, 1990）所言，通

---

① 指国有企业。——编者注

过"管理市场",国家制造了我们所观察到的结果。

我们将在下一章中讨论,为什么与东亚国家相比,印度的发展如此缓慢。但现在我们可以指出,世界上大部分地区最初所走的道路都和印度相差不大。中国的情况尤其如此。在20世纪70年代末,即邓小平同志成为领导人之前,中国在国家指导经济方面比印度更甚,对外贸易也更为封闭。简单了解东亚的经验就足以说明,仅仅对世界经济保持开放并消除政府干预并不是国家成功创造财富的唯一要素。那么,参考东亚经济发展的历史,印度在经济发展的早期阶段究竟错过了什么?我将继续讨论这个问题,但在此之前,我先通过和一些明显的参照国的比较,提供一些尼赫鲁时代印度增长的数据。

表1.2中的数据说明了一个确切的事实。印度在尼赫鲁时代的增长远远低于韩国,但高于同期的中国。当我们把印度和世界上一些最成功的经济体,即美国、英国和日本在很长一段时期内的增长情况进行比较,我们会对印度在经济发展初期的表现有更多维的了解。根据表1.2中的信息,很难妄下结论说,印度在独立初期的表现终究令人失望。它还表明,一些对尼赫鲁时代经济表现的批评要么是出于无知,要么是出于意识形态的考虑。例如,将马哈拉诺比斯模型描述为一个"倒退的模型"完全罔顾现实,以致损害了其传播者的公信力。[①] 鉴于"布丁好不好,吃了

---

① 参见巴格瓦蒂(1998)。

才知道"[①]，人们应该会同意，要评价一个增长战略，也就是尼赫鲁-马哈拉诺比斯战略，应该看它的结果如何。从其增长记录来看，它的表现相当不错。此外，在经济增长之外，到20世纪60年代中期，印度已经在广泛的工业领域具备了生产能力，涵盖机器、消费品和中间投入。它们肯定尚未达到国际水准，但这在工业化进程的早期阶段并不罕见。许多人可能会惊讶，在20世纪40年代的印度，相较于欧洲制造，特别是英国的产品，"日本"被视为质量低劣的出口产品的代名词。在30年的时间里，英国制造或多或少地从全球市场上消失了，而日本制造，从汽车到电子产品，却在全世界受到追捧。

表1.2 从比较视角看尼赫鲁时代的经济增长

	1950—1964 年	1820—1992 年
印度	4.1	—
中国	2.9	—
韩国	6.1	—
美国	—	3.6
英国	—	1.9
日本	—	2.8

注：数字为年均增长率（%）。
来源：麦迪逊（1995）。

[①] 原文为"the proof of the pudding is in the eating"，英国谚语，意为只有在实践中才能检验事物的好坏。——译者注

然而，尼赫鲁时代的经济表现不能仅从增长方面来评估。我们已经讲过，尼赫鲁认为，印度的独立是建立一个没有"贫穷、无知和疾病"的国家的良机。衡量印度在繁荣方面取得多大进展的一个标准是研究其在多大程度上消除了贫困。这个问题早在共和国成立之初就已经出现了，20世纪50年代末，尼赫鲁的政治对手拉姆·马诺哈尔·洛希亚（Ram Manohar Lohia）在议会中声称，减贫领域进展甚微。如何评估这一说法对于评估当时的经济政策至关重要。尚塞尔（Chancel）和皮凯蒂（Piketty）曾在2019年发表过一篇关于印度收入不平等的文章，在文章中，他们评估了印度自20世纪50年代以来半个多世纪不平等状况的变化。[①]文章发表后，一些人声称，虽然不平等在尼赫鲁时代可能有所缓和，但这一时期的贫困现象实际上有所增加。人们在推特[②]上为此激辩了两天！然而，要解决如此复杂的问题需要长时间的关注，可推特迷们却并非如此。

幸运的是，我们有机会看到蒙特克·辛格·阿卢瓦利亚（Montek Singh Ahluwalia）在世界银行完成的对20世纪50年代印度贫困状况的认真研究。[③]他的结论是："业经审核的证据为记录印度农村的贫困趋势提供了相当坚实的基础。我们发现，不能将

[①] 参见尚塞尔和皮凯蒂（2019）。
文章认为，从20世纪50年代到20世纪80年代，印度不平等现象有所缓和，但20世纪80年代后，贫富差距急剧扩大。——译者注
[②] 现已更名为X。——编者注
[③] 参见阿卢瓦利亚（1978）。

印度过去20年的经验描述为，贫困发生率出现了趋势性增加或减少。我们观察到的是一种波动模式，在农业状况良好的时期贫困率下降，在农业状况不佳的时期贫困率上升。"阿卢瓦利亚的研究是关于农村贫困问题的，但由于当时农村人口约占全国人口的80%，农村贫困的趋势很有可能颇为接近全国的贫困趋势。看来，人们在推特上读到的东西并非都是真的。

或许我们可以说，尼赫鲁时代的经济政策未能在贫困问题上实现突破，与它成功地提供了一个人口加速增长的环境有关。从表1.1中的数据可以看到，如果人口增长率保持在英属印度最后阶段的水平，人均收入的增长率会提高50%以上。事实上，有人认为1947年后印度人口增长率的飙升至少部分反映了生活条件的改善。这种说法并非全无根据。在印度，官方对贫困的衡量标准会优先考虑获得食品的机会，这使得对于贫困的评估而言，食品价格是一个敏感的要素。在20世纪50年代，由于灌溉系统不发达，粮食供应取决于降雨量，因而不稳定，食品价格很可能会产生波动，对贫困的衡量亦是如此。这也是为什么阿卢瓦利亚的报告中没有出现一致的趋势。尽管有这些客观原因，事实依然是，在尼赫鲁时代，虽然经济增长率出现了令人印象深刻且长期性的上涨，但仍未遏制贫困的蔓延。在当时的经济政策中，是否存在着某种因素，因为忽视了生产力提高的来源，从而阻碍了原本可能实现的减贫目标？这是一个必须要问的问题。

巨大的忽视

在关于尼赫鲁时代政策的辩论中，批评者普遍强调，私营企业被扼杀了。我注意到并引用过的古尔恰兰·达斯的话就是这一观点的典型代表。在政治光谱的另一端——左派——有人指责尼赫鲁不过是印度资产阶级委员会的秘书，唯一可以料想到的便是，他绝不会成功建立起一个社会主义国家。自然，这样的批评注定会忽略至关重要的败笔，即政府政策对学校教育的忽视。对某些人来说，这似乎是一种无稽之谈，因为印度理工学院（IIT）和后来的印度管理学院（IIM）都是在尼赫鲁时代成立的，它们备受中产阶级的青睐。但这恰恰是问题的关键。当时对教育的公共支出分配显示出印度对高等教育的倾斜和对其技术部门的优先考虑，不仅对初级教育重视不够，也没有采取明显措施在成人中进行扫盲。鉴于1947年印度民众的识字程度，这本应成为公共政策一项最重要的短期目标。①

尼赫鲁时代在三级教育中公共支出的分配趋势表明，从基础教育转向大学教育（在表1.3中用"高等教育"表示）的速度过快。当然，由于表中的数据表示份额，我们无法就支出水平及其是否充足得出结论。不过，当时有经济学家对第二个五年计划的拨款进行了评论，大意是，鉴于学校教育问题的重要性，计划用于这一领域的资金是微不足道的。

---

① 1951年，识字率为18.3%；妇女的识字率则低得多。参见印度政府数据（2003）。

表1.3 公共支出在教育领域的分配（1951—1966年）

	第一个五年计划 （1951—1956年）	第二个五年计划 （1956—1961年）	第三个五年计划 （1961—1966年）
小学	58	35	34
中学	5	19	18
高等教育	8	18	15
职业教育	14	18	21
其他	15	10	12
总数	100	100	100

注：表中数据为支出占比（%），包括各邦和中央直辖区的支出。
来源：印度政府（2009）。

因此，在计划委员会发布《第二个五年计划行动建议》之后的几个月内，孟买经济学院（Bombay School of Economics）的B.V.克里希纳穆尔蒂（B. V. Krishnamurti）评论称"马哈拉诺比斯计划中分配给教育的资金少得荒谬"，他认为这是不平衡的，与"重工业或河谷工程"相比，教育被置于次要地位。克里希纳穆尔蒂发现了教育在印度经济发展中的作用，这一先见之明引人注目。他曾表示："通过协调一致的努力，对广大民众，特别是农村地区的民众进行教育，无疑会带来深远的益处，这种益处具有累积性、扩张性的特征，将大大减轻政府在实现经济快速发展过程中的重负。"[1] 虽然这种看法是正确的，但它忽略了一个事实：即

---

[1] 参见巴拉苏布拉马尼扬（Balasubramanyan，2001）。

使在民主国家，政治阶层的目标也不一定完全符合民众的愿望。事实上，正如历史学家罗米拉·塔帕尔（Romila Thapar）[①]所言，政治阶层并不特别希望民众受过教育，因为受过教育的人往往会向他们的统治者提出令其感到尴尬的问题。

我已经注意到，在尼赫鲁时代，印度的增速比韩国慢。这并非由于印度规划者的专业水平比不上韩国，而是两国当时的政治条件不一样。印度必须从印巴分治所带来的严重混乱中恢复过来，并在稍后应对接踵而至的语言邦运动[②]。尽管印度确实得到了大量的外国援助，但按人均计算，韩国得到的援助——主要来自美国——要比印度多得多。[③]

即便如此也不能掩盖这样一个事实，即两国在发展的早期阶段所奉行的政策存在着根本性差异。韩国经济学家金麟洙（Linsu Kim）对这一问题的看法颇有启发："韩国与其他发展中国家的不同之处在于，早在启动经济发展运动之前，它就已经开始对人力资源进行投资。如果不是因为提前开发了训练有素的人力资源，韩国在20世纪60年代和20世纪70年代的经济发展将大大滞后……这意味着对人力资源开发的投资应该先于工业化，因为人力资源不可能在需要的时候一蹴而就。"[④]认识到这一点，我们就

[①] 参见塔帕尔（2009）。
[②] 指独立后印度大量地区爆发的试图以本土语言为基础，重新划分邦界的政治运动。——译者注
[③] 参见巴格瓦蒂和德赛（1970）。
[④] 参见金（1995），第286页。

无须再深入探究为什么在尼赫鲁时代以及此后相当长的一段时间里，印度的增速都比韩国慢。①印度投资了机器，却没有对操作机器的人进行充分的投资。

如果工人得不到教育，工业化计划定然会受挫，并且更加普遍地阻碍增长，但最重要的是，它是导致如此大规模的贫困长期存在的一个主要因素。教育对减少贫困至关重要，这一点在印度开始规划工业化的时候，至少已经在经济学家圈子里成为半个世纪以来的共识。以下是卡汉（Kahan）针对19世纪末俄国一场辩论的评论，颇有启发意义：

> 20世纪80年代，财政部部长维什涅格拉茨基（Vishnegradskii）对俄国工业劳动力的技能和教育水平颇为关注，教育是一种社会经济投资，维什涅格拉茨基的举动强调并激发了对教育的关注。他的公开态度体现在大量的研究中，既有实证性的，也有规范性的，或者说是政策导向性的。关于后者，一个早期例子可能颇有代表性，即一本出版于1896年的有趣的论文集，总标题为《大众教育的经济评估》（*Economic Evaluation of Popular Education*）。I. I. 扬

---

① 还存在一个因素：整个东亚地区都发生了土地改革。虽然各国实施的日期不同，但普遍认为，通过土地改革能够提高农业生产力，刺激经济增长，并有望改变农村的社会结构，以非直接的方式对经济增长产生积极影响。尽管在尼赫鲁时代有过一些土地改革，但这并未对农村经济产生广泛的影响，因为它主要将土地转让给了中间人而非农民。克什米尔邦（Kashmir，指印控区）和喀拉拉邦除外。

茹尔（I. I. Yanzhul）的文章——此文至今仍具有相当大的历史价值——便是基于这样一种假设：各种刺激经济增长的外部因素（关税、补贴、政府规章）都不如教育和培训有效。他援引了 J. S. 密尔（J. S. Mill）、托马斯·布拉西（Thomas Brassey）和阿尔弗雷德·马歇尔（Alfred Marshall）等权威人士的观点，并提供了美国的实证数据，来论证不同国家的劳动生产率水平与人均教育支出和识字率呈正相关。①

令人惊讶的是，当时负责管理国家的印度精英并没有类似观念，没有意识到教育对工人的关键作用。布尔什维克在俄国革命后的第一批行动中就包括建立高质量的学校，这一事实没能促使印度规划类似的行动，尽管尼赫鲁很欣赏苏联的一些早期成就。②

---

① 参见卡汉（1965）。
② 另外，即使是当时保守的民族主义报纸《印度教徒报》也已认识到苏联领导人对其年轻人的健康和教育所给予的重视。在 1921 年 5 月 13 日的一篇社论中，《印度教徒报》写道："我们发现，布尔什维克也是人，比起他们的诽谤者，他们甚至更加关心儿童。从关于布尔什维克教育系统的描述中我们了解到，目前彼得格勒（后更名为列宁格勒，现名圣彼得堡。——编者注）在儿童的照顾和训练方面制订了一个精心的计划。我们注意到，在这一问题上，两个重要的部门组织起来并承担着特殊的职责，它们是公共卫生人民委员会（the People's Commissariat for Public Health）和公共教育人民委员会（the People's Commissariat of Public Instruction），两个机构密切合作。"值得注意的是，这是在印度独立之前 25 年发表的，但对随后的政治阶层影响甚微。

印度的经济学家无论支持还是反对当时的经济政策，都选择过度重视"关税、补贴和政府规章"，而 19 世纪的俄国思想家们恰恰认为，这些干预措施对于工业化的重要性不及教育。

印度在独立后为何没有立即开展扫盲，并将受教育的机会扩大到广大民众，这仍然是一个谜。英国历史学家珀西瓦尔·斯皮尔（Percival Spear）的解释是，这是印度下层官僚机构的蓄意破坏，他们并不支持提高大众认知，因为这将威胁官僚在农村等级制度中的地位。斯皮尔认为，这意味着尼赫鲁的意图并没有得到有效执行。而社会学家巴林顿·穆尔（Barrington Moore）在评价尼赫鲁塑造印度的作用时就不那么宽容了：

> 这是社会学分析所能触达的范围，我自己则强烈怀疑它分析得太过了。尼赫鲁个人应该承担很大一部分责任。过分关注环境和客观困难会让人犯错，忘记伟大的政治领导人总会克服种种艰难险阻，完成重要的制度变革。尼赫鲁是一位非常有掌控力的政治领袖，否认他有很大的回旋余地似乎很荒谬。[①]

考虑到尼赫鲁担任了 17 年总理，而人口发展被理解为由政府向大众提供合理的卫生和教育设施，如果说他在实施这一计划时遭遇了难以克服的障碍，这在某种程度上来说是难以令人接受

---

① 参见穆尔（1966），第 407 页。

的。结论只能是该计划没有得到应有的重视。作为世界上较为成功的民族运动的领导者,对尼赫鲁而言,这场运动的高潮自然是印度将在世界治理中发挥适宜的作用。考虑到国内的经济挑战,他花费了过多时间与全球大国打交道,这不得不导致他在一定程度上忽视了经济。

正如我在本章前文所述,尼赫鲁的内阁同僚拉菲·艾哈迈德·基德瓦伊看到了这一点,他感叹尼赫鲁"沉迷于外交事务……他难道没有意识到一个国家的经济实力是其影响力的唯一基础吗?",基德瓦伊还补充说,"尼赫鲁不懂经济学,被迎合他的心血来潮和异想天开的'教授'和'专家'牵着鼻子走"。[①]但治理不仅是一个国家领导人的认知问题,也关乎一个国家的愿景。为了谋求与全球精英阶层的平等地位,民族主义的领导人最终陷于在国际舞台上为本国争夺权力分配地位,而忽视了国家内部不平等的权力分配。

最后,在评估1947年后印度早期的经济政策时,不妨重新审视莫罕达斯·卡拉姆昌德·甘地和尼赫鲁关于印度独立后理想经济形态的辩论。甘地支持把印度作为一个乡村共和国体系的想

[①] 杜尔加·达斯的采访,参见达斯(1969),第379页。断言总理不懂经济可能并不准确,但在当时的背景下,这意味着当时的经济学家没有充分提醒他不向教育投资的后果。这反映了当时印度经济学界的失败。计划模型无论如何都是侧重于增长的,过分关注计划模型的数学特性似乎让关键的经济学家忽略了这样一个现实,即这些模型本质上并不适合解决分配问题,而分配问题又对减少贫困有所影响。

法，这意味着自治和基本的自给自足。甘地不赞成工业化，而尼赫鲁则将工业化视为消除印度贫困的唯一手段。权力和财富在印度乡村的分配是高度不平等的，安贝德卡（Ambedkar）[①]将其描述为"地方主义的罪恶之地"，这更符合实际情况，而甘地似乎严重低估了其所带来的挑战。然而，他敏锐地看到了一个能够影响这个即将独立的国家的因素，那就是教育。从甘地的《建设性计划》(*The Constructive Programme*) 节选中可以看出，他充分认识到了教育的重要性："基础教育将儿童——无论是城市还是乡村的儿童——与印度所有最好的、持久的东西联系在一起，它能同时让身体和思想得到发展，使儿童扎根于土壤，并展望一个辉煌的未来。为了实现这一目标，他或她将从学校生涯的初始阶段就开始奋发努力。"[②]

这里的"基础"是指甘地的整体教育理念，包括体育锻炼，甚至体育以外的锻炼，这样学生就能将劳动尊严的思想内化。从这段话中可以得出如下信息：一个国家的未来在某种程度上是由儿童在学校的经历决定的。同时，这段话还包含这样的观点：基于机会平等而产生的平等主义学校体系会生成一个更平等的社会。而印度独立后却沿用了世界上最不平等的学校体系之一，精

[①] 安贝德卡（1891—1956），印度法学家、经济学家、政治家和社会改革家，他是印度独立后第一位法律和司法部部长，也是印度宪法的首席设计师，反对歧视达利特人（即"贱民"），在现代印度的社会改革运动中扮演了重要角色。——译者注

[②] 参见甘地（1941）。

英们完全忽视了甘地的深刻见解。

事实上，自 1947 年以来，印度学校体系中的教育质量不平等程度还大大加深了，今天印度收入分配的高度不平等也就不足为奇了。同样，虽然甘地关于乡村共和国的想法可能是不切实际的，但它本应该促使印度的精英设计一个更加去中心化的规划和政策实施架构。随着 1987 年《潘查亚特制度法案》(*Panchayati Raj Bill*)①的提出，这一目标最终实现了，但也只是在认识到其他诸多尝试都徒劳无益以后才实现的。印度的政治阶层在建造甘地纪念馆的同时，却忽视了他的理念。正如经济学家巴巴托什·达塔（Bhabatosh Datta）所指出的，虽然甘地可能没有一个连贯的经济计划，但他的一些想法不仅与印度的发展密切相关，还可以很容易地被纳入国家的任何工业化计划中。②同样，如果稍稍推迟高等教育的扩展，那么就可以为小学教育和识字率的普及提供更多的资金，而这反映了甘地式的优先事项。这就导致了如下结论：在对尼赫鲁时代的政策进行任何评估时，都会遇到一个假设性问题，即如果在 20 世纪 50 年代建立了教育基础，印度经济的未来将如何发展。仅仅纠缠于当时市场机制的限制，只是一种意识形态上的消遣罢了。

---

① "潘查亚特"意为"乡村五人长老会"，是南亚地区，特别是印度、巴基斯坦和尼泊尔等国历史悠久的农村自治制度，长老会通过定期举行的乡村辩论会竞争产生。20 世纪 80 年代末开始的潘查亚特制度建设的主要着眼点在于加快权力下放。——译者注
② 参见达塔（1978）。

第一章 突破

结论：一只看得见的手

印度独立初期，经济发展毅然决然地突破了殖民主义强加给它的桎梏。这是通过协调一致的公共政策干预来实现的，这些干预措施是尼赫鲁–马哈拉诺比斯战略的一部分，而该战略启动了至今已持续半个多世纪的增长进程。[①] 在经历了近两个世纪的殖民主义之后，20世纪50年代印度经济的快速发展是否本来可以由任何其他已知的战略促成，这一点尚待证明。然而，我们也可以看到，那时候未能启动一个广泛投资于民众健康和教育的计划，这意味着印度的增长在速度和包容性上都无法与东亚国家媲美。印度共和国早期的胜利在于令人惊叹地逆转了经济停滞，而其悲剧则在于令人失望地忽视了人口发展。

---

① 图1.1可以为此提供无可争辩的证据。关于尼赫鲁－马哈拉诺比斯战略在经济长期增长中的作用的技术性说明，包括模型和统计验证，参见巴拉克里希南、达斯和帕拉梅斯瓦兰（Parameswaran，2017）。

第二章 分水岭

尼赫鲁逝世后,印度经历了周期性的政治动荡,直到1991年总理拉吉夫·甘地被暗杀。也是在这一年,政策制度发生了重大转变。

尽管政治上变动不定——这一点可能会让经历过那个时代的人失去信心——但从经济的角度看,1965—1991年是一个殊为有趣的阶段。在20世纪60年代中期,增长放缓,经济低迷持续了大约10年。然后,就在人们的悲观预期达到最高点的时候,经济增长从20世纪70年代后期开始加速。此外,印度增长放缓的时期是相对短暂的,而随后经济的快速增长已经持续了30多年。正是在这个意义上,这一时期应被视为一道分水岭。

图2.1显示了这一时期的周期性增长,即经济增长率先是下降,然后又恢复上升。在1964—1965年达到顶峰后,经济增长率在接下来的10年里一直处于低迷状态。除了有一年是例外,每一年都再创新低。实际上,经济增长率下降了两次,第一次是在20世纪60年代中期,第二次是在20世纪70年代初。然后,从20世纪70年代后期开始,经济增长率出现了恢复,但节奏依然不稳。直到1979—1980年,才再次出现尼赫鲁时代的那种稳

定增长。① 对经济学家来说，这个增长周期是自 1965 年以来的四分之一个世纪里最需要解释的特征。另一个特征则是贫困的趋势，正如我们很快就会看到的，它与当时的预期截然不同。

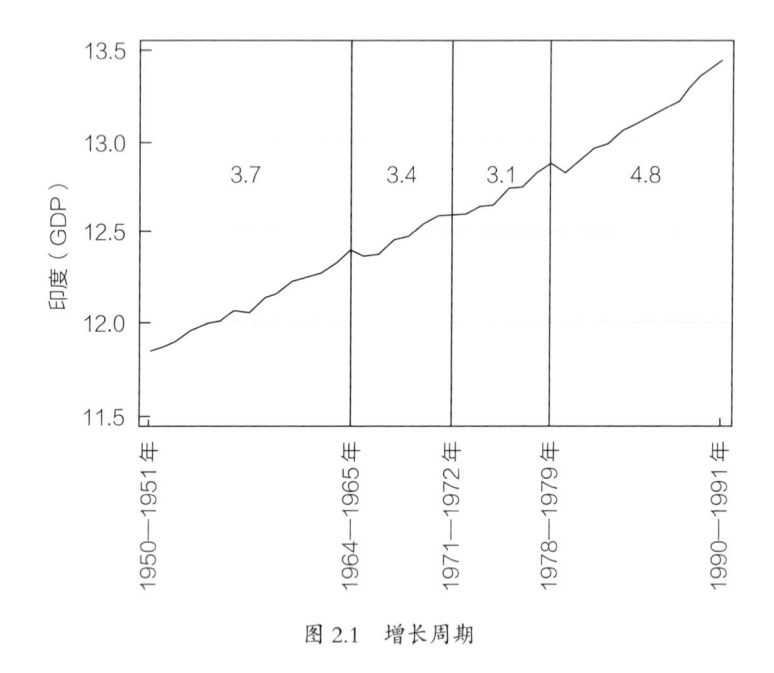

图 2.1　增长周期

在例如新冠病毒大流行这样的时期，历史被自然冲击所支

---

① 所用的基本方法和数据已在第一章图 1.1 的讨论中进行过阐述。读者可能会问，为什么图 1.1 没有反映出 20 世纪 60 年代中期以来的增长下降？回答是，我们现在研究的是一个较短时期内的增长。随着时间的延长，在某一段时期内具有统计学意义的下降不一定能反映出来。

配，除此之外，政治经济学对于理解经济结果的重大转变至关重要。尼赫鲁时代之后印度经济的波动态势尤其如此。我们会发现，它们与英迪拉·甘地的政治举措息息相关。1966年，时任总理的拉尔·巴哈杜尔·夏斯特里（Lal Bahadur Shastri）在短暂的任期后死在了办公室里，随后英迪拉·甘地成为继任者。无论是升任总理的过程，还是此后巩固政治地位的举动，英迪拉·甘地都不太顺利。而印度是一个民主国家，这对经济政策造成了影响，因为政治家们都清楚，他们需要依靠选举的支持来维持执政。英迪拉·甘地的政治生存策略是如何影响经济发展和这个数亿人口的国家的生活的，这本身就是一个精彩的故事。然而，我不会叙述她如何成为总理，并通过分裂有近百年历史的国大党来确保自己获得绝对拥护，这个问题留给政治学家来讨论，我只关注她的经济政策所带来的经济后果。

1966年1月，英迪拉·甘地就任印度总理时面临着紧急的经济状况。前一年，旱灾导致农作物歉收，并在第二年持续蔓延。1965年农作物歉收时还正好爆发了一场对巴基斯坦的战争。在几乎没有任何粮食储备的情况下——与今天不同，印度食品公司（Food Corporation of India）的粮仓里堆满了粮食——印度别无选择，只能进口粮食。然而，这只是一种理论上的选择，因为国家的外汇储备不足。事实上，当时庞大的经常项目赤字本身就需要融资。因此，经济面临着两种赤字：粮食赤字和外汇赤字。

1966年3月，英迪拉·甘地访问美国，寻求解决这两个问题的途径。美国承诺通过自己控制的多边机构提供援助，但条件是印度要改变经济制度。具体措施表现为放开对贸易和工业的管制,以及允许卢比贬值。民族运动是在政治和经济完全独立的思想引领下进行的,而英迪拉·甘地作为尼赫鲁的女儿,在一个很容易记住的日期1966年6月6日,让印度卢比贬值了三分之一以上。对此她很可能非常不情愿。更加使英迪拉·甘地不安的是,来自多边机构的援助并没有承诺的那么多,这导致总理不得不摒弃美国的要求,完全独立地制定印度的经济政策。

突向左转

政治学家将民粹主义领导人定义为:试图与民众建立直接关系,然后声称代表民众发言和行动的人。历史表明,民粹主义者可以存在于政治光谱的两端,正如拉丁美洲的现实那样。

按照政治学家的定义,英迪拉·甘地就是一个民粹主义者。[①]她早期公开持明显的左翼立场,不过在1977—1980年的政治荒芜期之后,她在第二个任期内(1980—1984年)转而采取了商业友好政策。她最突出的左翼干预措施包括:将14家主要银行国有化,1969年通过《垄断和限制性贸易行为法》(*Monopolies*

---

① 另外,尼赫鲁虽然与印度人民有着绝无仅有的"联系",但他并不是民粹主义者,而是议会程序的支持者。正如特里普达曼·辛格(Tripurdaman Singh,2020)所示,除了印度宪法第一修正案这个限制言论自由的案例,总的来说,尼赫鲁不遗余力地在议会中为他的政党,而非他自己的行动辩护。正如我们所看到的,这一点在20世纪50年代中期启动第二个五年计划时尤为明显。与之相比,英迪拉·甘地似乎并不关心政治对手对她的政策或行为有何看法。

and Restrictive Trade Practices Act），1971年取消对王室的补贴，1972年实施煤炭工业国有化，以及1973年修订《外汇管理法》（Foreign Exchange Regulation Act）。在全印广播电台（All India Radio）的一次宣传中，她宣称印度以前的统治者从公共财政中获得拨款的安排——这被称为"王室补贴"——是"违宪的"，尽管这些钱是在1947年后不久，她父亲领导的国大党承诺向王室支付的款项，以作为其让渡权力的补偿。其他干预措施没有那么重大的象征意义，但其中一些措施可能会产生更广泛的影响，如1972年将印度铜业公司（Indian Copper Corporation）国有化，以及1973年将一般保险和小麦贸易国有化。这一过程动用了苛刻的所得税率、价格管控措施和工业"不退出"条款。所有这些措施都伴随着"消除贫困"（Garibi Hatao）的口号，或者说，都是在这一背景下制定的。

这一时期管控措施激增，其压倒性后果就是限制了经济自由。这形成了政府和反对者口中所谓的"社会主义"。然而，这些举措与在提高人口可行能力的基础上推进积极自由（正如导言中所概述的）毫无干系。

我们将英迪拉·甘地的这些举措称为"左转"，其中大部分措施在政治领域基本没有受到挑战，除了在1967年的大选中，自由党（Swatantra Party）获得昙花一现的成功，但此后也销声匿迹。由于她性格独断，容不下异议，因此也没有什么知识分子提出反对意见。唯有巴格瓦蒂和德赛的著作对当时的政策进行了批评，尽管这些政策并非都是由英迪拉·甘地发起的。虽然很难将知识界的沉默理解为赞同，但毫无疑问，她的一些政策受到了民众的欢迎。在宣布国有化的时候，德里的大街小巷都载歌载舞。她在1971年的大选中获得压倒性的胜利，也证明她在任期内的5年多时间里仍然广受欢迎。赢得大选后，她又获得了一个推行她所热衷的政策的任期。当然，英迪拉·甘地获胜还有一个因素：她的竞选口号"消除贫困"引发了选民的共鸣，选民早已厌倦了那些和他们日常生活毫无关联的政客的夸夸其谈。他们似乎在用行动表示，至少英迪拉·甘地是一个"对着"他们说话而非"凌驾于"他们之上的政治家。我们很快就会看到，这个承诺能否兑现。

资本家的反击

在英迪拉·甘地就任总理后的第一个财年，企业投资就出现了下降。当然，这可能是由于干旱带来的需求收缩效应，但在接下来的15年里，企业投资在国民收入中的比例一直低迷不振，因此，这不能理解为外在总需求受到冲击后的临时反应，而是反映了私营企业对政策环境变化的态度。当然，总理把敌意对准了私营企业部门，这也是后者对她的政策的标志性看法。家庭投资部门，包括我们今天所说的中小型企业（SME）也没有更好的表现。不过，与企业的私人投资不同，其至少在人民党（Janata Party）执政的1977—1979年那段较为宽松的时期内出现了轻微的上扬。

企业投资在经济政策左转之后的表现清楚地显示，在近15年的时间里，工业领域的私人投资一直处于低迷状态，英迪拉·甘地的政策转变是导致这种现象的一个重要因素。然而，制造业只是经济的一小部分，企业投资也只是制造业总投资的一部分。因此，我们必须在更大的范围内寻找经济放缓的证据。我们从计量经济学的估算中得知，在20世纪60年代中期，除了制造业，服务业中最大的部分，即"贸易、酒店和餐馆"以及"运输、仓储和通讯"也有所放缓，而其余部分则几乎没有增长。[①] 因此，如图2.1所示，这一时期，各个部门的增长都在减速，整体经济增长也在放缓。

尽管有证据表明，在1966年英迪拉·甘地就任总理后，经济发展速度有所放缓，但在人民党执政2年后，英迪拉·甘地于1980年1月重回权力宝座，与之在同一时期发生的，则是从20世纪70年代后期开始的经济复苏。这可以从上一章的图1.1中看到。的确，时间上是吻合的！此外，虽然20世纪60年代中期的放缓幅度并不大，20世纪70年代后期却出现了实质性的加速。从图1.1中也可以看出，它比1991年改革之后的经济增长加速还要快。印度经济史上这一绝无仅有的阶段吸引了印度经济学家的注意力，这也并不奇怪。科特瓦尔（Kotwal）、拉马斯瓦米（Ramaswami）和瓦德瓦（Wadhwa）都很好地解释了这个难题。他们指出，20世纪70年代后期的增长加速"发生之时，印度已经被誉为世界上最受保护和管控最严的经济体之一"。[②]

从20世纪70年代初开始，在经济发展议题上，开放和轻度

---

① 参见巴拉克里希南（2010）。
② 参见科特瓦尔等人（2011）。

监管的重要性已经在全球论坛中受到重视。虽然提出这种路径的先驱是巴格瓦蒂和德赛，但当这种观点成为两个多边组织，即世界银行和国际货币基金组织的官方立场时，它就获得了一定的力量，因为这两个组织负责提供发展援助，具有举足轻重的地位。无论如何，印度当时的经验全然违背了这种关于增长动力的观点：在加强经济管控的时候，增长速度却加快了。

随着20世纪70年代后期印度经济出现恢复增长的证据，人们开始竞相对这一现象进行解释。经济学家丹尼·罗德里克（Dani Rodrik）和阿尔温德·苏布拉马尼亚安（Arvind Subramanian，2005）的解释受到了最多的关注。他们的解释源自一种政治经济学实践。这样的解释很罕见，部分是因为它们很难从经验上得到证实。罗德里克和苏布拉马尼亚安首先认定，经济加速增长的原因是生产力的加速提高，然后他们考虑了各种可能解释经济加速增长的理论，比如内部和外部的自由化、公共投资和绿色革命。他们的结论是，这些解释与数据不一致，应该予以摒弃。随后，他们提供了自己的解释框架。为了确保我正确地表述他们的观点，我将引用他们的原文：

> 我们认为，促使印度经济增长的原因是，1980年印度政府方面的态度发生了变化，转而有利于私营企业。在此之前，执政的国大党的言论一直都是关于社会主义和扶贫政策的。当英迪拉·甘地在1980年重新掌权时，她在政治上与有组织的私营部门重新结盟，并放弃了此前的说辞。国家政府对企业的态度从彻底的敌视变为支持。1984年拉吉夫·甘

地上台后，又以更明确的方式进一步加强了英迪拉·甘地的转变。我们认为，这是一个关键的变化，它在20世纪80年代初释放了印度私营企业的动物精神。①

罗德里克和苏布拉马尼亚安非常准确地叙述了英迪拉·甘地曲折往复的政治手段，但他们的观点并非全然合理。首先，这些联系并不明显。如果他们认定生产力的提高是经济增长加速的来源，他们的论述就需要确定"支持性"政策与更快地提高生产力之间具有关联，且中间没有资本形成的环节。否则，既然资本家被合理地假定为追求利润最大化，认为他们会等待一个友好的政府从他们现有的资本中攫取最大收益的说法就站不住脚。本质上，罗德里克和苏布拉马尼亚安没有解释生产力提高的原理。其次，他们的观点建立在制造业是那个历史阶段的经济支点的基础上，但由于当时制造业在国内生产总值中的比重不到15%，人们必须假设有很高的收益增值率，才能认为以制造业一己之力，就能拉动整个经济的增长。最后，即使可以合理地假设这一点成立，还有一个时间问题。当观察各部门的增长速度时，我们发现，制造业是在20世纪80年代初加速发展的，但经济本身却是在20世纪70年代后期加速发展的。②要解释从1965年开始的四分之一个世纪中的经济转型，必须通过减少从制造业中发掘新动能的依赖。

---

① 参见罗德里克和苏布拉马尼亚安（2005），第195页。
② 巴拉克里希南和帕拉梅斯瓦兰（2007）就此提出了证据。

增长周期的解释

从技术上来讲，从20世纪60年代中期开始的四分之一个世纪里，经济增长放缓和随后的增长加速过程中，事件的先后顺序和经济机制是很容易确定的。在20世纪50年代早期和20世纪70年代后期的两次增长加速之间，对各部门间关系进行的计量经济学调查揭示出一种"递归"结构：农业带动了服务业发展，服务业又带动了制造业发展。① 而制造业并未显示出对农业增长有明显的带动作用。这就解决了这一时期制造业在恢复增长中的作用问题，即它不太可能推动经济的增长。最后，经济增长在20世纪70年代后期再次加速，而制造业到了20世纪80年代初才加速增长。这种时间差无法支持整个经济复苏是由制造业带动的观点。事实上，它与上述部门间增长的递归结构是一致的，即整个经济在增长和恢复，而制造业部门却增长缓慢。

然而，我们仍然可以说，关于英迪拉·甘地的举措及其背后的意图，罗德里克和苏布拉马尼亚安的所有观点依然有效。例如，英迪拉·甘地在1980年1月重新执政后的两年内，企业投资恢复了，并在接下来的10年里一直保持高位，虽然这不一定意味着生产力的提高（而他们的论述是建立在生产力提高之上的），但这可以支撑以下论点：英迪拉·甘地在重新执政后对企业变得友好，而企业的恢复则反映了这种转变。不过，制造业产出的增长是在经济增长之后才加速的，因此前者不可能是后者的

---

① 参见巴拉克里希南（2010）提出的证据。

原因，这一点并没有变化。此外，无论当时还是现在，相对于印度经济的其他部分来说，企业对制造业的投资都是一个非常小的因素，不可能在预期的增长率下产生很大的影响。那么，推动20世纪70年代后期经济增长速度加快的因素究竟是什么呢？

以"社会主义"之名，行资本主义之实

一切都表明，促使印度在20世纪70年代后期恢复增长的因素就是绿色革命。但首先，我们要对绿色革命的起源进行简要的历史回顾。如前所述，在经历了1964—1965年的粮食产量高速增长后，印度的粮食产量在接下来的两年里出现了下滑。印度决策者们不得不寻找粮食来提供给民众。前面也已说到，当时印度缺少购买粮食的外汇；美国的粮食援助姗姗来迟，也甚为勉强。这并不令人惊讶。之前的近20年，印度一直处于重要的西方大国——美国的关注之下。冷战正在进行，印度并不在西方阵营中，尽管包括巴基斯坦在内的许多发展中国家都是如此。有时，这会引发一个未被问及的问题：印度并不敌视西方大国，为什么不和它们处在同一阵营里呢？当然，原因在于尼赫鲁和英迪拉·甘地一直都对资本主义持怀疑态度，或者说至少怀疑私人资本的主导地位。冷战期间，出现了在两大阵营之间保持独立的组织：不结盟运动（Non-Aligned Movement），尼赫鲁作为该组织的领导人，最初致力于不结盟就是为印度争取利益，让各方都争相向印度提供援助。例如，不为人知的是，在第二个五年计划中，外国资金占比高达25%。保持不结盟带来的有利后果让波兰经济

学家米歇尔·卡莱茨基（Michal Kalecki）认为，印度就像一头聪明的小牛，左右逢源，从两头母牛身上吸奶！然而，现在出现了粮食短缺，印度这样庞大，美国是唯一有能力向其提供所需食品的国家。据印度当时在美国的代表描述，说服美国向印度提供粮食援助的过程是"难熬的"。据说林登·约翰逊（Lyndon Johnson）总统指示他的副手们，"把食品一船一船地运到印度，这样她（英迪拉·甘地）就会一直被拿捏着"。这种说法的真实性存疑，但如果这种小道消息真的传到印度政治领导层的耳朵里，肯定会让他们备感侮辱。印度农业继而发生了重大转变，这被恰如其分地称为"绿色革命"。

绿色革命应该被视为印度独立后历史上的决定性时刻之一，它一举改变了印度在政治上与世界周旋的条件，其核心是政治。特别是在尼赫鲁时代，印度将自身视作世界上一股善的力量，可以说，它试图推动世界朝着更公正、更人道的方向发展。这种愿望是值得尊敬的。然而，正如尼赫鲁的内阁同事拉菲·艾哈迈德·基德瓦伊所指出的，世界倾向于尊重经济实力而非道德目的。尼赫鲁颇有个人魅力，加上他曾在英国殖民时期的监狱中被关押了近10年，这使得他在西方世界的民主国家中享有一定的威望。讽刺的是，尽管尼赫鲁接受了左翼思想，但斯大林对其政府的态度并不那么友好。无论如何，在整个20世纪50年代，印度发现自身在全球舞台上的影响力远远超过了其经济实力，尤其是在联合国，从朝鲜战争到苏伊士运河事件，印度在这些全球重大转折点上都发挥了实际影响。

所有这些都随着20世纪60年代中期的粮食危机戛然而止，

第二章 分水岭

这场危机也发展成一场完美的风暴。没有足够的粮食,也没有在全球市场上购买粮食所需的外汇,而世界上有能力提供粮食的国家只有在印度满足他们条件的前提下才愿意提供援助。这是考验英迪拉·甘地政治领导力的关键时刻。虽然在她的职业生涯中,她已然表现得愿意放弃民主程序,但她是一个坚定的爱国者,对她而言,向他国乞求肯定是难以忍受的。此外,一个在政治上如此精明的人不可能意识不到"粮食主权"的战略意义。为实现这一目标,英迪拉·甘地竭尽所能,动用了一切办法。

事实上,英迪拉·甘地并不是第一个关注粮食生产的印度政治家。正如我们在前一章中所看到的,印度领导层在20世纪50年代并非对粮食供应的重要性一无所知。毕竟,印度的规划过程就是从灌溉项目开始的。此外,在整个20世纪50年代,国大党的政治家们一直以"种植更多食品"运动鼓动民众。确实,如此直接地参与印度的经济问题并非21世纪那些平庸的政治家的专属行为,虽然他们更关心的是通过施舍恩惠来保住权力,而不是为长期存在的问题找到解决方案。我们在第一章中看到,由于20世纪50年代采取的政策,农业的增长率有了显著提高。但是,人口也在增长,这就给有限的粮食供应带来了压力,一旦发生旱灾,就会打破平衡,出现粮食短缺。以上内容概括了印度在1965—1966年所处的境况,这一年发生了干旱,并且将持续两年时间。英迪拉·甘地继承了一整套管理农业生产的体制机制,即各邦的农业部门、国家农业研究机构,以及一个有能力的中央官僚体系。另外,国大党在印度大部分地区都处于执政地位,这也十分重要。在印度宪法规定的责任分配中,农业是邦级立法事项（State Subject）①，这意味着对于中央推动的农业计划，各邦的接受程度至关重要。在中央和各邦由同一政党执政的情况下，国家计划更容易贯彻实施。

为实现"绿色革命"，印度究竟采取了什么具体措施？要保证实现在极短时期内尽可能多生产粮食的目标，必须制定一个万无一失的战略。最后，决策者决定把重点放在印度的部分地理区域。最初，这些地区是旁遮普邦（Punjab）和北方邦（Uttar）西部的小麦种植区，后来扩展到安得拉邦（Andhra）和马德拉斯邦（Madras，即今天的泰米尔纳德邦）的水稻种植区。这些地区由于具有获得水源保障的优势，在农业领域已经领先于其他地区。这些地区的农场得到了被称作"高产品种"的优质种子和化肥。为了减少价格下跌的风险，政府开始干预粮食市场，在每个播种季节前公布最低支持价格。由于最低支持价格是基于成本考虑的，它保证了在天气条件多变、无法完全控制产量的情况下，农民不会蒙受损失。除了最低支持价格，还有一个更高的采购价格，这是在粮食收割后公布的。按照这个价格，政府将购买粮食并提供给公共分配系统。最后，在银行国有化之后，集中借贷意味着农民比过去更容易获得信贷。

与印度其他公共政策倡议全然不同，政府的这项农业战略大获成功。简而言之，小麦产量迅速飙升，水稻产量也紧随其后。

---

① 印度联邦议会和邦立法会都有立法权。印度宪法把法律分为三类，分别规定了联邦议会、邦立法会和两者共同立法的权限。其中农业的立法权属于邦立法会，这意味着各邦都有权制定自身的农业政策。——译者注

第二章 分水岭

印度不再依赖粮食进口。这前所未有地改变了局势，粮食的自给自足现在不再只是一个愿望。这也是印度政府最近一次如此靠近生产过程的例子——第一次是在20世纪50年代中期，尼赫鲁-马哈拉诺比斯战略启动时，国家建立了公共部门的生产单位。现在，当大家都在争论公共-私营合作制（public-private partnership）是否是一种创新之举时，请记住，绿色革命就是这样的一项举措。

有一点很明确：绿色革命是资本主义模式下的农业革命，它也许获得了国家的赞助，最终却是由利润驱动的。英迪拉·甘地对这一点似乎并不避讳，她在鼓励农业以利润为目标方面扮演了积极角色，而在制造业所谓的"左转"中，她的举措明显是反资本主义的，她也打算被视作如此，但她并不认为二者有什么难以调和之处。即使在紧急状态（the Emergency）[①] 期间，印度人的政治权利通通中止，她在宪法序言中的"共和国"前加上了"社会主义"一词时，她对绿色革命的支持也从未动摇。她的目标是实现粮食生产的自给自足，在实现这一目标的过程中，她始终保持专注，但也很灵活。这种灵活性的另一个例子是，在1973年将小麦贸易国有化，而之后的实践证明这一举措完全失败了，仅仅过了一个季度，她就迅速废止了这一举措。粮食生产似乎比意识形态更重要，英迪拉·甘地谨慎地保证，她对资本家的掠夺性行

[①] 1975—1977年，英迪拉·甘地决定在全国范围内实施紧急状态。其间，总理被赋予极大的权力，大多数政治反对者被长期监禁，公民的基本权利被剥夺。紧急状态是印度独立后最具争议的历史时期之一。——译者注

动只会限制在规模小得多的印度制造业。在任何情况下,他们基本上都是在为中产阶级生产商品。

一位公务员、当时的农业部秘书西瓦拉曼(B. Sivaraman)详细讲述了绿色革命的启动过程,[①]说明了印度政府机构采取哪些行动来实现这一目标。他强调,国家的许多机构,从相关的中央部委、印度储备银行(the Reserve Bank of India)、中央农业研究机构到各邦政府都做出了共同努力。今天我们很难想象,政府机制在实现公共政策的目标上能表现出这样的能力和技巧,尽管如今我们要富裕得多。一个主要的区别在于政治家们的自我认知,且不论党派关系或意识形态,他们似乎都在推特上不断地小打小闹,显然丝毫没有意识到,自己负有为国家面临的问题提供解决方案的责任,而这就是普遍所说的"治理"(governance)。

绿色革命是让印度实现粮食自给自足的政治项目的结果,其真正的设计师是食品和农业部部长苏布拉马尼亚姆(C. Subramaniam)。在时任总理拉尔·巴哈杜尔·夏斯特里的鼓励下,这位职业政治家通过想象力、行政能力和对相关科学知识的认识,改变了国家的命运。最后一点体现在,农业科学家斯瓦米纳坦(M. S. Swaminathan)在为印度选择合适的小麦品种以及后来的水稻品种方面所扮演的角色,而这些品种是绿色革命的核心要素。谈到"知识",西瓦拉曼说道,印度几位最重要的经济学家不仅个人对政府当时增加粮食生产的努力持悲观态度,他们还

---

① 参见西瓦拉曼(1991)。

联合起来，试图论证为什么这不可能成功。如果这仅仅是一起历史案例，证明印度经济学家中相当一部分人做出了错误判断，那并无大碍。问题在于，印度的经济学家们惯于基于意识形态的偏好来判断经济运行的结果，这降低了他们寻找解决方案的效率。

需要注意，绿色革命有一个显著的特征。对于一个以让印度实现自力更生为目标的计划，它得到了强有力的国际支持，而且不仅仅是口头表达的善意。印度受益于美国植物学家诺曼·欧内斯特·博洛格（Norman Ernest Borlaug）所做的工作，在印度田间种植的"墨西哥短柄"小麦品种的种子是由位于美国的洛克菲勒基金会资助的机构研发的。印度的绿色革命必须被视为一项伟大的国际合作，没有受到当时白热化的冷战政治的影响。如果说狂妄自负的沙文民族主义曾经遭遇过挑战，那就是印度的绿色革命带来的。印度通过国际支持实现了粮食领域的自力更生。

最后，想当然地认为绿色革命没有代价也是很幼稚的。弗朗辛·弗兰克尔（Francine Frankel）是针对印度农业转型最早和最有洞察力的观察者之一，他曾论述过"经济收益和政治成本"，我们完全可以将这一描述倒过来，说成是"政治收益和经济成本"。绿色革命的政治收益应该很容易看到。如果"粮食主权"可以理解为一个国家在生产和消费粮食方面享有的自由，是政治独立的核心，那么绿色革命就增强了印度在世界范围内的相对自主性。原因很简单，印度不再依赖粮食进口了。第二个政治收益就其意味而言是对内的，博洛格在评价绿色革命的作用时含蓄地提到了这一点。他在获诺贝尔和平奖时的演讲中说道：

世界文明的命运取决于能否为全人类提供一个体面的生活标准。1969年诺贝尔和平奖获得者国际劳工组织（the International Labor Organization）在其章程中这样表述其指导原则："只有在社会正义的基础上才能建立普遍和持久的和平。如果你渴望和平，那就培养正义。"这句话令人印象深刻，没有人会不同意这一崇高的原则。然而，几乎可以肯定的是，社会正义的首要基本组成部分是为全人类提供足够的食品。获得食品是所有出生在这个世界上的人的道德权利。然而，今天世界上还有50%的人口在忍饥挨饿。没有食品，人最多只能活几个星期；没有食品，社会正义的所有其他组成部分就毫无意义。因此，我认为上述指导原则必须修改为：如果你渴望和平，那就培养正义，但同时也要耕种田地以制造更多的面包，否则就不会有和平。

人们可能会补充说，印度的绿色革命除了避免粮食短缺可能带来的社会冲突，其成果还远远超越了"维持和平"。在独立之初，尼赫鲁就承诺要确保社会公正，不会被大规模饥饿的恐惧所干扰，不需要担心粮食短缺意味着印度现在可以投身于这一崇高任务。然而，不幸的是，这一时刻在其历史上来得如此之晚。

现在让我们转向经济成本。政府试图通过农业转型，尽快让印度实现粮食自给自足。这一过程似乎没有考虑成本因素，更不用说充分认识成本高低了。而今，我们可以看到实现这一转型所付出的高昂的环境代价。高产的小麦和水稻品种需要更多的化肥投入和有保障的供水。过度使用化肥会影响土壤质量，过度使用水会导致地下水水位急剧下降，这是主要的代价。对化肥实施补贴和向农民提供免费电力又加剧了这些成本，而这些做法不一定是最初计划里所包含的内容。把环境和经济成本截然分开是很幼稚的，我们现在可以看到，为绿色革命提供支撑的经济政策制度所花费的巨大成本。最初的安排是，将最低支持价格作为安全兜底措施，将采购价格作为激励手段。但很快，这种区别就消失了，政府被迫购买农民选择卖给印度食品公司的所有产品，这就使得产品即使没有真的腐烂，也会在储存期间质量下降。因此，公共库存通常会大大超过官方的缓冲标准。

越来越高的粮食补贴反映了这一问题，通过公共分配系统分配的粮食数量亦是如此。在过去的半个世纪里，政治一直在无休止地变换整套干预措施，从农产品销售委员会（Agricultural Produce Marketing Committee）到神圣不可侵犯的补贴制度莫不如此。这样做带来的前期经济成本，以及不太明显但更深层次的生态后果都很严重。水稻是一种不适合旁遮普邦种植的作物，但采购政策鼓励种植水稻，由此导致的过度使用地下水将使得该地区到2030年出现沙漠化。即使这是一种夸张的说法，但它确实指向了印度绿色革命之后的变化趋势。这些发展显然对国家的未来是不利的。它们并非不能克服，但只有政治才能决定这些威胁是否会被消除。

复苏

无论绿色革命消耗了多少经济成本，它显然对经济增长产生了积极影响。我提到的一些证据表明，在印度经济增长的这一阶段，农业发挥着主要的推动作用。我已经提到过，从概念上讲，这一阶段各部门间的增长关系存在着一种递归结构，这意味着，整个经济的加速增长都与此前农业部门的加速增长有关。我将这一时期称为印度经济发展历程中的分水岭，而这就是该时期的实际情况。支撑整体增长加速的机制是，较快的外生性农业增长会产生乘数效应。在这一点上，罗德里克和苏布拉马尼亚安基于农业方面的贸易没有下降的事实，否定了绿色革命带来的影响，忽略了在农业增长加快后，整个经济会出现加速增长。来自农业部门的需求高涨，经济也随之出现了加速。当农民越来越富有，工资水涨船高，或者就业率在既定的工资水平上提升时，农村就会日益繁荣。刚开始，鉴于农业产量的增加，人们会期待农业就业率的上升，那么对包括服务业和制造业在内的非农业商品的需求都会随之上升。事实也是如此，在20世纪60年代末绿色革命开始后的15年间，农业加速增长后不久，服务业也出现了加速增长，但制造业需要更长的时间来实现加速增长。

人们可能会问，作为最大的经济部门，如果农业从20世纪60年代后半期就开始较快增长，为什么整个经济的加速却要等到20世纪70年代后半期才开始呢？[①] 有两个原因。第一，农业增长率的提高幅度并不大。第二，公共投资从20世纪60年代中期才开始缓慢增长，直到10年后才恢复。在这种情况下，农业以外

---

① 经济增长周期的时间见图2.1。有关三个主要经济部门加速日期的证据，可参见巴拉克里希南（2010）。

的重要外生增长动力在大约10年的时间里都受到了削弱。由于当时大部分的公共投资都投向了"重工业"或资本货物的生产，公共投资的放缓会导致国家工业部门整体增长的放缓。而公共投资在20世纪70年代中期回升后，在接下来的10年里一直保持高位。

当然，为什么公共投资的增长从20世纪60年代中期开始放缓了一段时间，这是一个有趣的问题。以下提供了两种解释。首先，从1965年开始的短短5年多时间里，印度处在多种压力之下，不得不应对意外的粮食短缺、国际收支危机以及与巴基斯坦的两场战争，政府的经济重点很可能已经分散，公共财政也可能面临压力。其次，虽然我们在前一章中看到，公共企业的储蓄迅速增长，确实比私营企业的储蓄增长要快，但在尼赫鲁时代之后，公共企业在为公共投资创造资金上所发挥的作用逐渐不被认可。此后，政治考量开始进入经济决策，特别是有关公共部门关于就业的决策。

读者可能会产生一个问题：当公共投资的增长下降时，农业增长率还会加快吗？答案是，从20世纪60年代中期开始的15年里，公共投资一直在向农业倾斜而避开工业。因此，农业的公共投资增长并没有下降。[1] 这也证实了我们对经济转型的大部分

---

[1] 关于20世纪60年代和20世纪70年代整个经济体中公共投资增长的数据，参见巴拉克里希南（2010）。关于农业收入和公共投资在决定工业增长方面的作用的计量经济学证据，参见巴拉克里希南（1995）。

认知。知识或技术诚然至关重要，但重大转型需要得到资源的支持。除了国际上向印度转让重要技术，绿色革命的实现还得益于大量资源流向农业，增加公共投资就是典型代表。绿色革命是资本主义模式下的农业革命，但它不是由私营部门的行动单独实现的。

以上，我讨论了从20世纪60年代中期开始的20年经济发展的历程。接下来我要谈的是这一时期的贫困趋势。

贫困

英迪拉·甘地选择"消除贫困"的口号往往被视为有些讽刺，但这可能是一种误导。可以想象，它反映出这位政治家认识到印度独立后的一个重大失败——即使在对经济进行了20年的努力干预后，印度仍然存在如此大规模的贫困。要评估英迪拉·甘地对消除印度贫困的承诺，只能以对印度贫困趋势的研究为基础。在这种情况下，我们面临的挑战包括选择所使用的衡量标准以及能否获得数据。一个常用的衡量标准是根据某些划定的贫困线得到的人口比率或贫困人口的百分比，我将把它称为"贫困率"。高拉夫·达特（Gaurav Datt）、马丁·拉瓦利恩（Martin Ravallion）和林古·穆尔加伊（Rinku Murgai）提供了自1950年以来60年的贫困率数据。[①] 这些数据显示了一些非常明确的趋势。首先，贫困率从20世纪60年代后期开始下降，一直持续到

---

① 参见达特、拉瓦利恩和穆尔加伊（2019）。

第二章 分水岭

1990年。不可否认的是,在英迪拉·甘地执政时期,贫困率有所下降,事实上,这种下降在她任期之初就已经开始了。剩下的问题是要找出贫困率下降的原因。从理论上讲,贫困减少的原因可能有很多,既包括政府采取的行动,也包括个人通过自我教育来提高生产力。然而,在印度,我们可以看到绿色革命和减贫之间有着明确的关联。达特、拉瓦利恩和穆尔加伊的估算显示,减贫始于20世纪60年代后期、农业增长率上升之时,显然,英迪拉·甘地更注重的是增长而不是减贫的干预措施——后者在20世纪70年代才开始具体化。此外,绿色革命的基础工作在20世纪60年代初,甚至在她作为总理登场之前就已经开始了。但在20世纪60年代中期粮食短缺的刺激下,英迪拉·甘地确实为印度努力增加现有的粮食产量注入了更多动力。这项工程的成功与减贫之间的关联是毋庸置疑的。尽管英迪拉·甘地未能完全实现她所宣称的"消除贫困"的目标,但她的时代开启了这一旅程,终其一生她都在坚持这一没有止境的进程。

长期萦绕在经济学界的一个问题是:减少贫困的动力是什么?是增长,还是国家的直接干预?关于减贫计划和绿色革命后出现的较快增长所产生的影响,谁的相对贡献更大,这一回答尚待确认,但我更倾向于后者,迄今为止,我认为绿色革命是印度实现减贫的关键因素。正如评估制造业在20世纪70年代末向高增长道路转型过程中所发挥的作用一样,贫困开始减少的时间会决定,我们在诸多可能的解释之中偏向哪一种。印度的贫困是从20世纪60年代后期开始减少的。即使英迪拉·甘地的减贫计划对贫困的轨迹产生了影响,也不会出现得这么早。

令人注目的是，当经济增长从 20 世纪 60 年代中期开始放缓时，贫困就出现了减少的迹象。没有什么比这更能说明增长的性质对减贫的重要性了。从 20 世纪 60 年代中期开始，在大约 15 年的时间里，经济增长虽然有所放缓，但农业在绿色革命的作用下加快了发展的步伐。由于当时最多的人口集聚在印度农村，因此农业的发展有着重大意义。前文已经指出，加快农业增长能影响收入，进而影响贫困水平。尽管今天印度的贫困率远远低于 20 世纪 60 年代中期，但由于至少有一半的劳动人口集中在农业领域，农业增长在降低贫困率方面可能发挥的作用仍然具有现实意义。

除了整个经济的增长和减贫计划，如前一章所述，大众教育已被认为是减贫的关键。有趣的是，一个正在向左转的国家在这方面的投资竟然如此之少。英迪拉·甘地的口号并没有转化为快速扩大公共教育的行动。事实上，在 20 世纪 70 年代，小学教育支出的增长比之前和之后的几十年都更为缓慢。[1] 似乎她在宣布"消除贫困"时，她的意思是：为穷人提供帮助，但不一定要让他们有能力过上独立的生活（Maai baap sarkar）。

我们已经看到，印度的部分经济学家为意识形态所障目，他们宣称在印度开展绿色革命不可能成功。这种说法来自政治光谱的左派，他们认为利润激励机制在当时半封建的农业中是不可能发挥作用的。另一个关于意识形态盲目性的例子是，他们拒绝承认在 1991 年的经济改革之前，经济就已经有了活力。这是政治光谱中右派的思维特点。美国经济学家布拉德福德·德朗

---

[1] 参见森提供的数据（2010）。

（Bradford Delong）的言论就淋漓尽致地体现了这一点：

> 对印度二战后经济史的一般叙述始于印度首任总理尼赫鲁开启了一个灾难性的错误转折，他转向了费边社会主义、中央计划和令人难以置信的官僚主义的繁文缛节……结果，印度停滞不前，直到1991年的货币危机引发了大胆的新自由主义经济改革，才释放了当前经济快速增长的浪潮。[1]

上面的言论表明，这种观点有多么盲目。意识形态的立场是理解世界的一个障碍。

关于我们研究的这一时期，一个意识形态表达的例子是经济学家斯里尼瓦桑（T. N. Srinivasan）的观点。他说，在尼赫鲁时代之后，政府继续推行"干预主义政策"，没有发生什么变化。[2] 在我们即将结束对印度30年来经济发展的研究时，我们可以看到，这并不是对印度经济政策演变的准确描述。首先，与此后的政策相比，尼赫鲁时代的经济政策对私营部门是相对宽松的。而在英迪拉·甘地担任总理早期，出现了大规模国有化和背弃王室补贴承诺的做法，这标志着与过去的决裂。虽然尼赫鲁曾提过"社会主义的社会模式"，并为公共部门处在"经济的制高点"而自豪，但他并未醉心于国有化，尽管有些国有化是在他的眼皮底下实施的。在尼赫鲁之后，转向更多干预性经济政策的制度被恰当地认

---

[1] 参见德朗（2003）。
[2] 参见斯里尼瓦桑（2005），第2—3页。

定为是意识形态的，甚至被诋毁者称为"尼赫鲁社会主义"。不过，在尼赫鲁时代，国有化和任意使用监管机构等措施在经济政策中几乎没有发挥任何作用。

斯里尼瓦桑的观点并不成立的第二个理由是，其对国家干预的怀疑业已证明是意识形态的。我们所研究的四分之一个世纪同时揭示了这种干预的成功和失败。英迪拉·甘地针对印度资本家的掠夺性举措导致企业投资暴跌和工业增长放缓。另外，她坚持在国家指导下实现农业转型，这是印度经济政策的巨大成功之一。从20世纪60年代中期开始的15年间，经济先是衰退，随后出现好转，这背后的操盘手都是国家干预。我们从中可以看出，公共干预中蕴含的经济智慧决定了干预的结果。

人们对英迪拉·甘地在印度政治和经济史上所扮演的角色抱有浓厚的兴趣。一般来说，对她的评价自然会涉及她所表现出来的威权本能——以1975—1977年的紧急状态为标志——以及她早期经济政策的左倾化。政治学的理论文献能够很好地对此做出部分解释。汉克拉（Hankla）认为："在民主国家，除了政党的连贯计划，其他干预都是由确保生存的当务之急所驱动的，尤其是在选举结果可能不稳定的情况下。"[①] 1969年国大党分裂之后，英迪拉·甘地紧接着出台了干预措施，这一时间点和明显的任意裁量性质为这一论点提供了凭证。然而，英迪拉·甘地在经济方面的成就必须实事求是地予以评价。她将绿色革命贯彻到底，扭转了在上

---

① 参见汉克拉（2006）。

台前就已出现的经济增长下滑趋势,并在担任总理期间,让贫困率开始稳步下降,这些成就应该使其位列印度第一流领导人之列。她的行动显示,她具有高度务实的态度。当她看到粮食安全的紧迫性,她就毫不犹豫地鼓励加强农业中的资本主义因素。当她认为对工业资本家表现出敌意在政治上有利时,她就兴致勃勃地付诸实践。但当她认识到这样做的消极后果时,她又很快改变了立场——正如罗德里克和苏布拉马尼亚安恰如其分地指出的那样。

但是,其结局可以说不尽如人意。她多面下注,不管自己的行动可能在长期内会给国家带来什么样的负面后果,过度关注其他政策对选民的影响。例如,她会精明地向劳工施以恩惠,正如她审时度势地改变自己对资本家的态度。在这一点上,罗德里克和苏布拉马尼亚安忽略了一项在任何情况下都不能被认为是"亲商"的关键立法,即1947年的《工业纠纷法》(*Industrial Disputes Act*)修正案。直到今天,1947年《工业纠纷法》第五章第二节要求,所有雇用"特定数量"工人的机构,在裁员、减员或关闭之前,必须事先获得有关政府或指定机构的许可。其中,"机构"包括工厂、矿场和种植园。在1976年之前,《工业纠纷法》中至少没有"事先许可条款"。在首次引入第五章第二节时,规定的人数上限是300名工人。后来到1984年,经过英迪拉·甘地的修订,规定的人数减少到100名工人,从而让相关条款变得更为苛刻。[①]法律规定的复杂的退出因素是对私人投资的一种震

---

① 参见阿比克·高希(Abhik Ghosh)的《劳工试金石》(*A Labour Litmus Test*),《印度快报》(*Indian Express*),2015年7月23日。

惧。这完全是英迪拉·甘地对法律的"贡献",它最初是在紧急状态下进入法规的,几年后又一路被强化。这是她用高度政治化的方法来制定政策的又一个例子。虽然她的经济政策总体上来说应该被认为是成功的,但一切都表明,她的政治风格推迟了印度的增长转型。如果在她的任期内,私人投资没有停滞不前,鉴于绿色革命在20世纪60年代末就已经开始,非农业部门的加速发展可能会比实际情况提前整整10年。

推进颠覆:拉吉夫·甘地的短暂任期

1984年,英迪拉·甘地被刺杀,她的儿子拉吉夫接替了她的职位,担任了一整个任期的总理。尽管当时没有任何宏观经济指标出现好转的迹象,但这是印度经济发展中一个非常重要的阶段。有一种倾向认为,正是在拉吉夫·甘地的领导下,印度经济的增长路径才转为上升。[①] 我们现在知道这种观点并不正确,可以看到,从20世纪70年代后期开始,经济增长实际上就已经加快了。然而,如果就此而认为拉吉夫·甘地的任期无足轻重,那也是很幼稚的,它对经济起到了推进作用。

20世纪末的管理话语中有一个反复出现的说法是"颠覆"(disruption),它指的是捕捉技术创新对现有行业或市场造成的根本性变化的积极影响。用这个词来描述拉吉夫·甘地的时候,需

---

① 德朗富有洞察力的研究(2003)中也隐含着一个错误。

第二章 分水岭

要做两处修改。第一，我们谈论的是整个经济，而不是某些特定行业。第二，在印度当时的背景下，我们谈论的不是任何重大的创新——比如技术引进，有时甚至只是技术意识的引进——而是具有重大影响的事件。拉吉夫·甘地就任总理后的早期行动之一是宣布6个所谓的"技术任务"，涉及电信、饮用水和水管理、扫盲、免疫、乳制品和油菜籽。由此带来的问题是，虽然这一举措可能认定了印度从食品到健康所面临的主要挑战，但技术与之有什么关系？这正是颠覆的本质：充分利用技术向印度人提供一些最基本的需求。在过去的35年里，这个国家一直在为经济制订虚浮的计划，印度人的日常生活却没有发生重大变化，现在有一位领导人着力于解决经济中缺乏的，且为印度人所需的基本服务的问题。没有重大的政策决议，甚至没有发布通告，只是强调用技术的方式来处理日常事务，至少在经济领域这是前所未有的。

其中最有效的是电信领域。作为总理的顾问，拥有该领域国际专利的技术专家萨姆·皮特罗达（Sam Pitroda）领导了通过电话网络连接整个印度的任务。一个在技术上并不引人注目，却产生了很大影响的创新之举是公共电话亭，从这里，人们可以给他们远在印度其他城市或农村的家人打长途电话。这种设施让普通印度人在他乡生活和工作时能与家人保持联系，没有什么比它更能彻底改变印度的日常生活了。其次，计算机虽然未被列入拉吉夫·甘地宣布的6项技术任务，但现在已成为一个重要的推动因素。或许它所带来的最重要颠覆发生在铁路订票领域。由于铁路是印度承载人数最多的运输工具，利用电脑订票无疑产生了非常广泛的影响。它能够提高透明度，降低交易成本，也极有可能减少了腐败。应该可以说，印度在拉吉夫·甘地时期经历了一场电信革命，而这位年轻总理的干预措施是其核心。正是这最初的一步使印度建立了具有全球竞争力的软件业。

虽然软件业是在20世纪90年代中期互联网商业化之后才开始起步的，但其商业模式本身在10年前就已经萌芽了。1985年，得州仪器公司（Texas Instruments）在印度安装了第一个卫星天线，使一家"科技公司"能够与其美国办事处保持全天候的通信联系。颇为合理的是，天线是用牛车运到它在班加罗尔的办公室的。[①] 这预示了跨国公司生产外包的概念。印度的软件服务行业一直在朝前发展。对经济来说，这体现在它所带来的外汇收入。拉吉夫·甘地可能只是对技术本身很着迷，但通过电信革命，他将技术成果带到了他数百万同胞的生活之中。今天，当印度软件工程师成为世界各国之都一道惯常的风景时，人们很少记得，是一位年轻的印度总理使之成为现实。很少有一个政治家能如此迅速而具体地让整个国家的梦想付诸实践。遗憾的是，其他技术任务的结果与之相比却逊色许多。

从私营部门的投资反应中可以看出，拉吉夫·甘地政策的接受程度究竟如何。私营部门的投资在英迪拉·甘地就任总理后立即放缓，但在20世纪80年代后半期却出现了加速。为了避免让大家产生错误的印象，认为拉吉夫·甘地的政策是纯粹支持企业

[①] M.A. 阿伦（M.A. Arun），《高科技的班加罗尔通过牛车到达》（*High-tech Bangalore Arrived on a Bullock cart*），《德干先驱报》（*Deccan Herald*），2010年9月22日。

的，应该指出，这里这里企业投资的加速是十分微小的。而"家庭部门"，也就是我们今天所说的经济中的中小企业，它们的投资却出现了前所未有的激增。① 今天，我们经常在印度听到"动物精神"一词，虽然大多数时候人们都是在对其缺失表示哀叹。然而，拉吉夫·甘地只要在他的位置上存在似乎就意味着什么，这是一种"皮格马利翁效应"②，他的存在似乎有助于提高印度企业家对经济前景的乐观情绪。这一时期，尽管财政部部长辛格（V. P. Singh）实施了税收改革，但并没有进行重大的政策转变，也没有拿出更多的公共投资，通过创造需求来促进增长。大多数政治家只能梦想他们的领导力能得到这样的反应。拉吉夫·甘地领导下的印度可以作为一个"凭借无形因素创造有利投资环境"的例子。如果有一个例子能充分说明私营部门对态度变化的反应，那么就是这一个。私人投资——并且不仅限于企业——对这位年轻总理的承诺做出了欣然而迅速的反应。

诚然，拉吉夫·甘地继承了一个所有部门都在加速发展的经济，并且在其任期内没有经历任何外部冲击——无论是战争还是国际收支的冲击。③ 然而，他创造性地利用这一有利条件，通过技术改善了普通印度人的生活。他还使印度为进入即将到来的数字时代做好了准备。正是由于他的努力，在他任期内很早的时

---

① 关于增长幅度，参见巴拉克里希南（2010）。
② 皮格马利翁是希腊神话中的雕刻家，他爱上了自己的雕像。皮格马利翁效应是指高期望会导致特定领域出现更好的表现。——译者注
③ 参见巴拉克里希南（2010）。

候，印度开始逐步建立起具有国际竞争力的信息技术产业。定性的变化很难衡量，其影响力无法进行量化评估，但大多数经历过这一时期的人都认识到，在20世纪80年代后期，印度发生了一些变化——普遍的绝望感下降了。也许正是由于拉吉夫·甘地促使人们对未来产生了信心，当民众怀疑国家在从海外采购博福斯（Bofors）榴弹炮的过程中存在腐败行为时，他的政府在选举中失利。尽管到目前为止，还没有发现针对拉吉夫·甘地的直接犯罪证据。这种信心体现在，即便当选的反对派并不具备任何治理能力，但印度人似乎在说，不管发生什么，他们不希望被一个有污点的政府所治理，无论这个政府如何高效。

最后，尽管拉吉夫·甘地在思维上偏技术，但他能够深刻理解治理印度的要义，而这是其他政治人物很少能做到的，或者即使他们能够做到，也会选择保持沉默。他说"1卢比的公共支出中只有大约15派萨能真正到达预期的受益者手中"[①]就彰显了这一点。这相当于公开承认印度福利计划的实施过程中存在漏洞。30多年后，印度最高法院的法官在裁定国家生物身份识别卡（Aadhaar card）[②]是否合法时引用了这句话。有趣的是，法官们

[①] 参见《印度斯坦报》（Hindustan Times）网站，2020年7月20日。印度货币单位，1卢比等于100派萨。——译者注

[②] 2009年，印度政府开始推动一个名为Aadhaar（在印地语中意为"基础"）的计划，旨在将生物识别信息纳入每个人的公民身份，每个公民将获得一串由12位数字组成的唯一身份证明编号。政府宣称推行该计划的目的是确保公民更好地享受福利，减少腐败；而批评者认为其侵犯隐私。2018年，印度最高法院裁定Aadhaar合法。——译者注

选择谈论与实施福利计划有关的问题，而大多数印度经济学家都不愿意批判性地讨论这些问题，因为他们担心被视作对穷人缺乏同情心。拉吉夫·甘地对印度政府机构的运作方式有着清醒的认识，1985年，为庆祝国大党成立100周年，他在孟买的党内工作者集会上发表了一篇讲话，我们可以从讲话摘录中看到这一点：

> 而这个国家生硬的制度构架、行政和技术服务系统、警察和大量的职能部门又是怎样的呢？他们已经做了很多，而且可以做得更多，但正如谚语所说，如果栅栏开始吃庄稼，其保护作用就荡然无存了。我们有一些政府官员，他们不是在服务民众，而是在压迫穷苦和无助的人。我们有不维护法律而包庇罪犯的警察，有不收税而与那些欺骗国家之人沆瀣一气的税吏，我们还有一整个利益集团，他们唯一关心的事就是通过牺牲社会利益来谋取私人福利。他们没有职业道德，不关心公共事业，不参与国家的未来，不理解国家的目标，不对现代印度的价值观做出承诺。他们只有贪得无厌、唯利是图的人生观，全无能力、诚信和信念。

拉吉夫·甘地在世的时间并不长，无法解决印度的治理可能阻碍其进步的问题。他的政党也没能就此沿着他的思想前行。在这种情况下，一次通过彻底改革政府机制以改善数百万印度人生活的机会就这样错过了。

结论：分水岭年代

读者现在应该能够看到，从20世纪60年代中期开始的四分之一个世纪是印度经济的分水岭。在这一时期，印度受到了自然、经济和政治的多重冲击。1965年印度既发生了干旱，从而导致了粮食短缺，又爆发了与巴基斯坦的战争。第二年干旱再度袭来，并出现了国际收支危机。1971年，印度与巴基斯坦的第二次战争爆发，导致大量来自东巴基斯坦①的难民涌入，他们需要得到食品和住房。政治方面，在尼赫鲁长时间的任期结束后，20世纪60年代中期发生了继位权之争。接着（虽然相隔时间较久），一位现任总理被暗杀，一位前任总理（拉吉夫·甘地，1991年）在选举期间被暗杀。政治上的不确定性阻碍了投资，私人和公共领域的资本同时出现了一段时间的放缓。

可以想象，印度经济有可能陷入停滞状态。然而最终，在一些坚定而明智的政治领导的决策下，它最终渡过了难关。从那时起，印度经济开启了持续的现代化进程，而且在40年来的大部分时间里都在以较快速度增长。

---

① 今孟加拉国。——编者注

第三章　重返世界

1991年，印度政府对经济政策制度进行了一次重大改革，这就是众所周知的"经济改革"（economic reforms）。后面我将用这一词组来描述所发生的变化。正如我们所看到的，在过去的40年里，印度各届政府都尝试过采取不同的经济政策，但这次不同，重点领域出现了全面的变化，而且变化本身就是对过去的彻底颠覆。本章将重点讨论这些变化的具体特点及其带来的影响，但在此之前，我将花一些时间来讨论体制变化的政治经济学，因为人们对此抱有兴趣。简而言之，推动这一改革的政治和经济因素是什么？

改革的政治和经济因素

根据印度政府当时的政策声明和财政部部长曼莫汉·辛格（Manmohan Singh）在1991年7月发表的著名的预算演讲，在那个转折点，政策的指导原则是实现印度经济与世界其他地区经济的一体化。当时，在苏联解体的背景下，全世界都要拥抱全球化。印度经济模式据称是依照苏联模式建立的，而人们把苏联解体理解为自给自足的苏联经济不可持续的证明。改革的支持者认为，一切都表明，市场的力量迫切需要得到更自由的发挥。

必须指出的是，在得出这一结论的过程中，相关推理相当随意。首先，即使认定苏联经济模式的不可持续是苏联解体后可预见的结果，苏联解体本身也是完全出乎经济学家意料的。[①] 其根源更多可能是戈尔巴乔夫的"公开性"（glasnost）政策，即政治领域激进的体制转变，而不是经济上的"结构调整"（perestroika）。这切断了苏共一党执政的基础，消除了官僚机构和秘密警察的牢固钳制，并产生外溢效应，驱逐了半个多世纪以来通过所谓的"民族联盟"维持的俄罗斯民族霸权。苏联作为一个政治实体随之解体，紧接着是整个东欧社会主义集团的瓦解。事后回想，30多年来谁也没料到"多米诺骨牌理论"会在这个地区悄然应验，尽管最初提出这个理论的地方与这里相距甚远！

政治是导致苏联解体的最直接原因，尽管认识到这一点并不能让人对其当时的经济恢复信心，但它的确帮助我们看到，导致欧洲社会主义集团瓦解的主要是政治因素，瓦解时间也几乎完全由这些因素决定。而与此相关的是，中国在那时至少已经在30年的时间里，坚持在国家高度干预经济的模式下，推进进口替代

[①] 参考以下意见："每一次革命都令人震惊。但最近发生在苏联的革命必须列入最出人意料的事件之列。在1991年之前的几年里，几乎没有任何西方的专家、学者、官员或政客预见到苏联即将解体，一党执政制度、国有经济以及克里姆林宫对国内和东欧各国的控制也随之分崩离析……虽然围绕苏联体制的规模和深度存在争论，但没有人认为这些问题是致命的，至少不会很快出现严重的后果。"阿伦（Aron，2011）。接着，作者提供了一些涵盖经济增长率和财政赤字规模的经济数据来论证，从经济角度看，苏联解体并非不可避免。

型工业化。正如我们在第一章中所看到的,从 1950 年开始的 15 年间,中国的经济增长率低于印度,但没有政治秩序上的威胁。通过参考中国的经验可以进一步印证这里提出的论点,即政治自由化可能是导致苏联解体更重要的因素。

根据苏联的经验来论证印度的政策转向并不合适的第二个原因是,在 1991 年,印度还远未形成苏联式的经济模式。昔日的社会主义经济体制最重要的标志或许是国家计划性的劳动力分配,印度完全没有这一点。除此之外,即使在 1991 年,印度国内生产总值的 80% 以上也是由几乎没有受到监管的私营部门创造的,这与苏联的情况大相径庭。在印度,有组织的制造业确实受到了严格的监管,但它包含了高度发达的私营部门,并且其规模在经济总量中只占不到五分之一。到 1991 年,印度的企业在政治上也高度组织起来,随着与政治阶层的接触日益增多,形成了一个游说团体。印度与苏联的经济有很大的相似性,但只限于对外贸易制度方面。在印度,进口配额非常普遍,如果没有配额,就要面对世界上最高的关税之一。因此可以说,印度和苏联一样,试图在保护伞下实现工业化,尽管印度从 20 世纪 70 年代中期开始就采取了一些贸易自由化措施。

然而,这种宽泛的经济策略本身并不会让印度成为苏联的翻版,因为许多东亚国家也在追求所谓的进口替代型工业化。不过,印度政治领导层在 20 世纪 50 年代选择政策制度时,除了经济策略,还平衡考虑了一些别的因素。当时,外国资本不仅不受鼓励,而且随着时间的推移,几乎已经从经济中消失了。这种对外国资本的封锁,有时是以 20 世纪 50 年代初未曾设想过的形式发生的，但在1991年发生了变化。正是这一年真正完成了彻底的转变。有各种迹象表明，这种转变是有意为之的，并且没有逆转的意愿。无论如何，迄今为止，这一举措已经持续了30年且没有减弱的迹象。有趣的是，2014年莫迪领导的政府上台，这个极度民族主义的政府做的第一件事，就是通过其发起的"印度制造"（Make in India）计划来吸引外国投资者。

在促进印度与世界其他地区一体化的中心目标下，政策制度出现了具体的改革举措。为方便起见，我们可以将这些改革分为"内部"和"外部"两大类，尽管它们中的部分因素可能会重叠，而且它们也不一定总能独立存在。前一类的主要变化是取消了投资许可，并对1969年的《垄断和限制性贸易行为法》进行了修订，颁布这一法案的最初目的是管理"大型工业企业"。它们是至少四分之一个世纪以来政策系统中最明显的一些特征，其消失具有相当大的象征意义。

在印度与世界其他地区的联系方面，有3个变化值得注意。首先，关税税率全面降低，这显然是为了减少印度工业迄今为止所受到的保护措施。其次，改革初期卢比出现了贬值，此后，卢比汇率可以在经常项目交易中浮动。这相当于允许市场在决定贸易流动方面发挥更大的作用。在取消进口数量限制的背景下，也可以将这种措施合理地解释为，有必要以此来遏制可能发生的进口涌入。最后，宣布简化外国直接投资和证券投资的程序。这一点发出了推进印度与全球经济一体化意向的强烈信号，至今仍然空前绝后。

这些对经济制度外部政策的改变只是单方面的。20世纪90

年代中期，随着印度加入世界贸易组织，其他变化也逐渐出现。其时，各成员国都在采取行动，以共同商定一套新规则，规则的突出内容包括承诺逐步取消配额，制定一个新的专利制度来认可产品专利（迄今为止尚未在印度建立起来），以及承认服务贸易。尽管这些都不是单方面让渡的，印度也享有对等权利，但印度政界一些重要的部门却对此深表怀疑。因此，可以说1991年的贸易和工业政策改革对印度经济造成的冲击更大，并且在这个意义上也是更有力的变革举措。

人们用"自由化、私有化、全球化"（liberalisation, privatisation, globalisation，缩写为LPG）来描述1991年开始的政策制度改革。但这其实是一种误导，这里有必要说明一下原因。[①] 我们以贸易和产业政策变化的形式来描述的自由化，是经济改革的前沿重心，但其中私有化的比例相对较少，印度航空公司（Air India）也是在30多年后才出现了明显可见的私有化。显然，公共部门的政治分歧要比印度各政党表面上的议程分歧深得多。这一点我们可以从以下事实中推断出来，即不管是名义上的右派还是左派执政，印度私有化方向的进展都微乎其微。印度政治阶层与公共部门的关系似乎与意识形态无关，或许对私有化的抗拒更多反映出他们不愿意放弃一个重要的权力杠杆。

私有化是20世纪90年代初政府政策声明的重点，但在1991年的危机过去、经济趋于稳定后，私有化又被抛弃了。人们据此

---

① 诚然，比起专业经济学家，这种用法更常见于媒体，但在印度，媒体已成为影响公众意见的一个重要因素。

猜测，是一些外部因素促使私有化被纳入了改革的议程。最后，让我们来看看LPG中的"全球化"。在讨论这个术语时，一个经常会遇到的问题是对象的特殊性。人们可能会问：全球化是指在一个国家的经济安排中采用国际标准，还是指货物、服务和劳动力不受限地跨国界流动？我们可以看到，无论哪种定义，都有太多东西以全球化的方式被归因于1991年的改革。对一个像印度这样劳动力过剩的经济体来说，真正的全球化应该包含劳动力移民，然而这一点却受限于世界其他国家的移民控制举措。矛盾的是，当前，经济合作与发展组织（OECD）中缺少劳动力的经济体显然是移民的目的地，但它们的移民限制尤甚（当然没有针对印度人）。

另外，要在全球采用某些类型的标准，所面临的障碍主要来自内部。例如，在评估人口的教育和健康状况时所采用的全球标准。对于印度这样的大国来说，它已经发展了很长时间，并且有相当广泛的行政覆盖能力，向公众提供一定水准之上的健康和教育不再是遥不可及的事。然而，1991年的改革中并没有这个方向的内容。改革本身几乎完全是自由化的，最初并没有解决人口发展或社会保护的问题。[①] 正如我们在后面章节中所看到的，在几

---

① 这些是在1991年后的10年间以"全民教育运动"（Sarva Shiksha Abhiyan）和"国家农村就业保障计划"（National Rural Employment Guarantee Scheme）的形式分别出现的。2018—2019年度的预算引入了"国家健康保护计划"（Ayushman Bharat），财政部部长在其演讲中称，这是"世界上最大规模的由政府资助的医疗保健计划"。

乎所有的人力资本和福利救济指标上,印度都落后于世界大部分地区。因此,虽然贸易在印度国内生产总值中的份额有所上升,但如前所述,已经进行的全球化程度有限。在全球化的方向上,一个值得注意的地方是,在经历了 45 年的空白期后,印度再次接触到了外国资本的流动。

现在在我们可以注意 1991 年改革的另一个特点。自由化主要产生于宪法所规定的中央政府的政策空间。在外贸方面,中央立法规定了政策的制定,但在工业管理方面却并非如此。在印度,外贸属于"联邦议会事项"(Union List),制定贸易政策是中央政府的专属权力,而广义的工业政策却不是这样。在这一领域,各邦政府保留了大量的权力,只要涉及工业投资管理政策,都不是由中央立法来最后拍板。因此,虽然 1991 年的工业政策声明(Industrial Policy Statement)已经取消了工业许可,但关于工业投资的新提案依然需要邦政府的其他审批手续,特别是环境方面的手续。在实践中,一些邦处理这些提案时比其他邦更为顺畅。这种情况在一定程度上表现为,各邦之间的工业表现差异日益拉大。工业许可曾是一个潜在的障碍,即便对一个明显有利可图的产能扩张项目来说也是如此。取消工业许可是一个重要的事件,就政策制度而言,它标志着一个时代的终结。回到如何描述 1991 年及其之后的改革这个问题,我们可以说,虽然自由化贸易和产业政策改革确实发生了,但要描述印度经济政策制度的演变,选择 LPG 这一说法并无太大的裨益。

可以想象,对于制度变化的政治性,经济学家的认识不如其对经济学的认识那样确定。然而,从政治学家的著作来看,这对他们来说也并不是一个完全清晰的领域。^① 主要的"争论轴心"——其中一位政治学家^②喜欢使用的术语——是：1991 年的一揽子经济改革方案只是承袭国内领导人此前就在进行的一系列市场改革试验后所发生的一次异乎寻常的事件，还是全球多边机构，特别是国际货币基金组织所强加的？人们认为政治学家的视角非常宝贵，期待他们分析所需要的元素，以加深对制度变化的理解。然而，尽管他们可能会因为对制度变化的起源感兴趣而联合起来，对于印度制度变化的基本因素这个问题，他们却没有给出类似的答案。最近给出解释的一位政治学家是森古普塔（2008），她反对将改革描述为"国家的政策精英通过线性的、累积的'学习'过程而产生的结果"，而是倾向于将 1991 年的改革描述为"政治事件"。^③ 对她而言，这一事件的政治性在于"华盛顿共识"（Washington Consensus）^④击败了旧的范式。"华盛顿共识"是一份关于理想的经济政策架构的宣言，在 20 世纪 90 年代处于优势地位。据说，印度政府的专业经济学家在这次较量中发挥了重要作用，他们强烈赞同这一正在全球范围内占主导地位的

---

① 尤其可参见科利（Kohli, 2006a, 2006b）、佩德森（Pedersen, 2000）和森古普塔（Sengupta, 2008）。
② 森古普塔（2008）。
③ 出处同上，第 36 页。尽管作者提到了这一思想在政治理论中的发展历程，但没有提出任何证据来证明，印度的情况符合这种描述。
④ "华盛顿共识"最初是美国在 1989 年针对拉美国家经济改革所提出的一系列新自由主义政治经济理论，后来在 20 世纪 90 年代广泛传播。——译者注

世界观。

尽管森古普塔有意识地努力为改革提供政治性的解释,但她的方法缺乏政治经济学的基础,没有充分显示出国内政党、全球机构和历史事件等因素的作用。① 要作出包含这些因素的解释,其他两位政治学家的观点是很有启示性的。其中一位认为,对全球市场有兴趣的印度南部工程公司形成了一个利益集团。这些行业的经理人与全球管理精英关联密切,他们认为自己对西方的立场与独立后第一代印度企业家相比有很大不同。这个群体逐渐聚集为印度工业联合会(Confederation of Indian Industry),佩德森(2000)认为,他们为1991年的改革进行了强有力的游说。

科利自称政治分析家,在政治分析家中,科利关于政治改革的著作是最为扎实的,他首先系统探究了20世纪80年代的政策,以便从更长远的视野来看待1991年的制度变革。② 虽然他也敏锐地认识到了新出现的行业协会的作用,但他最具远见卓识之处在于将这一变化与苏联解体对印度的影响联系起来。③ 一些人认为,苏联解体标志着共产主义在苏联的"破产",而正如我们所讨论过的,自由市场是解决印度问题的唯一办法,因而印度的制度变

---

① 然而,她对制度变革本质的描述值得注意:"这远远超过了从'国家'过渡到'市场',因为这种'市场改革'在1991年之前就已经发生了。1991年改革最重要的一点是,它标志着向新自由主义政治意识形态的过渡,以及随之产生的对良性(自由资本主义)全球秩序的假设。"森古普塔(2008),第39页。
② 参见科利(2006a,2006b)。
③ 参见科利(2006b)。

革是不可避免的。然而，科利指出了一些更为现实可感的东西，那就是印度与苏联近40年来缔结的强大经济联系的终结。这种联系的一个关键特征是卢比贸易，它使印度能够通过出口茶叶、纺织品和原材料而无须支付外汇的方式购买石油和国防装备。这种联系的终结对印度经济产生了严重影响，更不用说东欧经济集团经济互助委员会[①]由于暂时面临政治动荡而带来的市场枯竭了。科利指出，印度的精英认识到，现在的国防设备将不得不从美国采购。更重要的是，这一举动将要求印度经济向美国资本和商品开放，世界上很多发展中国家都经历过这种要求，但印度还尚未开始。

对于这一重要的洞见，我们可以稍作补充。随着苏联解体，印度将不得不向一个开放的全球市场出口更多的产品，以赚取必要的外汇。就像历史上所观察到的市场和繁荣之间的关系一样，当时任何一个不带偏见的观察者都不得不承认，一个国家不可能在藏身于保护性贸易壁垒的情况下成为一个成功的出口国。要实现繁荣，不能只期待在贸易关系中出现合理的互惠条件，更多的是出口国需要获得具有全球竞争力的技术和只能通过进口得到的资本货物。当然，对印度来说，为了补足其庞大的石油和黄金消费所需的外汇，出口的迫切性一直存在。我们可以补充一句，由于印度处在过度民粹主义的状态下，无法限制消费，我们无法从

---

① 经济互助委员会，苏联于1949年组织建立的政治经济合作组织，总部设在莫斯科，成员包括苏联及多个东欧社会主义国家等，1991年宣布解散。——译者注

第三章　重返世界

政治上想象，其能通过减少石油依赖的形式进行调整。

在概述了政治分析家们对于1991年改革的看法之后，我们现在可以通过1947年以来的印度经济史来细查这些观点。对于这段历史，我们已经很熟悉了。20世纪70年代中期，贸易和工业政策制度开始进行某种形式的初步改革。这种改革在零零星星地推进，一直持续到拉吉夫·甘地担任总理的中期，而他的任期持续到1989年。在1991年之前的两年中出现了两届政府，分别由辛格和钱德拉谢卡尔（Chandrashekhar）领导，由于他们更关心政治生存，所以在经济事务上投入的精力较少。然而，除了拉吉夫·甘地进行的改革，一个领域的自由化改革大多伴随着其他领域的强化限制，这种模式类似于"走两步，退一步"。例如，我们已经看到，英迪拉·甘地在20世纪70年代中期和20世纪80年代初期采取了温和的自由化措施，但同时伴随着劳动法的收紧，后者给产业退出制造了一个法律障碍。更早的时候，由政治上持保守立场的莫拉尔吉·德赛（Morarji Desai）领导的人民党在1977年组建了亚历山大进出口政策和程序委员会（Alexander Committee on Import-Export Policies and Procedures），释放出有意放宽许可和对外商业政策的信号。然而，该党进一步向小型产业让步，并大肆阻碍外国直接投资，这在广为人知的可口可乐公司和国际商用机器公司（IBM）被驱逐事件中可见一斑。

而罗德里克和苏布拉马尼亚安（2005）的研究显示，在拉吉夫·甘地时期，有效关税实际上在上升，从而抵消了取消部分产品进口配额的效果。然而，贸易制度的放松迹象还不足以完全体现拉吉夫·甘地的魄力。这位年轻总理给自己定位的形象是：无畏于在否定印度以往经济发展中任何事件的情况下发起变革。无论是英迪拉·甘地的激进言辞，还是乔治·费尔南德斯（George Fernandes）在其作为人民党政府产业部部长的短暂任期内践行的举措①，现在都已成过往。当时有一种使用最先进的技术来改造印度的强烈氛围。同时，拉吉夫·甘地既没有以任何方式解散公共部门，也为私营部门提供了空间。这在信息技术和电信领域表现得最为明显。电话亭现在虽已消失，但其在20世纪80年代中期首次亮相时，它象征着一些勇敢的私营企业家获准进入被公共部门垄断的电信堡垒。鉴于在尼赫鲁时代之后，公共部门的特权已成为左翼政治彰显优势的标志，这是一个真正彻底的转变。此外，这一举措的政治意义不容忽视，其对福利分配的影响也广泛存在，显然能带来重大的政治回报。

1991年前的10年中已经出现了政策制度自由化的证据，这并非要否认1991年的一揽子改革计划可能是受到国际货币基金组织的影响。的确，其影响是有目共睹的。然而，这可能更多体现在宏观经济领域，而不是结构改革。降低进口关税，削减预算赤字，以及限制信贷和货币贬值，这些举措都带有国际基金组织为国际收支紧张经济体所制订的标准化一揽子稳定方案的特征。在实施该计划的最初几年里，财政赤字急剧减少，但在该计划结束后，又出现了与目标相悖的情况：在20世纪90年代后半期，

---

① 1977年印度人民党（Bharatiya Janata Party）政府上台后，时任产业部部长的费尔南德斯以违反《外汇管理法》为由，主导了对可口可乐公司和IBM公司的驱逐事件。——译者注

公共储蓄迅速减少，几乎到了可忽略不计的程度。这一特点也表明，削减财政赤字明显受到国际货币基金组织的影响。另外，1991年的工业政策声明取消了许可制度，这应该完全是出于国际货币基金组织的要求。但即便如此，当时的许可制度改革已经在印度政府内部酝酿了近20年时间。

总的来说，一方面，外部机构将一些制度变革要素作为提供国际收支平衡支持的条件强加给印度，另一方面，尽管这些机构向印度施加了执行变革的压力，印度的政治领导层还是以相当积极的态度施行了一些变革措施，将这二者区分开来难度并不是特别大。国际收支危机使印度别无选择，只能拿起帽子前往华盛顿。这给了国际货币基金组织-世界银行联合体一个绝佳的机会，它们可以将其对理想经济结构的理念强加给一个长期以来与其背道而驰的主要大国。事实上，这个联合体曾在1981年错失良机。当时，印度已经批准了国际货币基金组织有史以来向成员国提供的最大规模贷款，在这笔50亿美元的援助中，印度拒绝接受最后一期款项，因为印度经济已经从第二次石油危机的影响中迅速复苏。复苏是在财政部部长普拉纳布·慕克吉（Pranab Mukherjee）[1]的推动下实现的，他巧妙利用了非居民印度人的外汇支持。共产主义在苏联终结了，中国叩响了西方主导的国际论坛的大门，而印度依然在实践中对国际贸易和资本流动进行广泛限制，这让印度变得孤立无援。因此，国际货币基金组织以其标志

---

[1] 普拉纳布·慕克吉（1935—2020），2009—2012年担任印度财政部部长，后任印度总统。——译者注

性的制约性条件介入，试图让印度永远终结抵抗，这完全在意料之中。从内部自由化的角度来看，印度的主要政党在当时已经就此考量了一段时间，尽管其由于担心政治后果而犹豫不决，但至少将内部自由化推向了顶点。

改革的进展——无论是在宏观经济还是结构改革方面——都让人深入了解到外部机构相对于国内自由化力量所发挥的作用。可以说，根据我们的分类，无论是"外部"还是"内部"类型的结构改革，几乎都没有被逆转。另外，关于永久削减预算赤字的主要宏观经济改革，本来是国际货币基金组织一揽子计划的一个重要组成部分，但自20世纪90年代中期国际货币基金组织的计划结束以来，这一点或多或少地被放弃了，只是在2011年外资流出的压力下才得以重启。2003年的《财政责任与预算管理法》（*The Fiscal Responsibility and Budgetary Management Act*）在实施初期就遭遇阻力，主要是因为印度的政客们意识到，该法案限制了他们的惯常做法，特别是既要通过补贴购买政治忠诚度，又要保持低税收。很明显，1991年的廉洁预算是由外部强加的。另外，政治阶层很有可能认为，至少从20世纪80年代起就开始出现的结构改革是经济增长的潜在动力，因此对他们的前景有利，即使有些部门的利益可能会在这个过程中受损。可以想象，在维持结构改革方面应该存在着这样的考虑。然而，我们这里所说的观点难以概括已经提过的公共部门企业私有化的情况。事实上，国际货币基金组织拒绝承认，从私有化中获得的应计收入是一种合法的财政调整形式。

1991年的自由化与1966年的自由化插曲截然不同，后者是印度在国际收支危机背景下首次向国际货币基金组织求助。当时，印度实施了大幅货币贬值和一些自由化改革措施，以换取提供国际收支平衡支持的承诺。而在这一切都尚未落地之时，英迪拉·甘地感受到了被国际大国玩弄于股掌之间的耻辱，并在国内舆论的煽动下，完全推翻了改革。另外，自1991年以来，截至目前，我们在中央，甚至在各邦都看到了各种各样强力推进自由化的政府，每个政府都在推动印度与世界其他地区持续融合。

改革的成果

人们将印度迄今为止30多年的经历称作"市场改革"，这一称谓表明市场在经济中发挥了更大的作用。1991年，印度政府开始实行一项经济改革计划，该计划主要是由外部支付危机引发的，当时改革的重点是经济中的贸易和工业政策制度。根据改革措施的重点是在经济的内部部门还是外部部门，可以将其分类。就内部经济而言，1991年最重要的变革是取消了工业许可，允许私人进入除铁路、港口、国防和原子能以外几乎所有的经济领域。在随后的改革中，上述提到的部门除了最后一个，私人投资都获得了准入。虽然取消许可明显是为了增加竞争和提高生产力——该制度的约束范围如此广泛，包括商品的质量和种类，因此人们相信这将会使消费者受益——但也可以被理解为有助于增强私营企业家之间的包容性。毕竟，无论投资许可的出发点是什么，其本身都意味着结果是赢家通吃。虽然取消许可是少数能证明市场自由化本身就具有包容性的例证之一，但还是必须承认这一特点。从经济理论上讲，这是迈向更具竞争力的市场结构的一步。

就外部部门而言，1991年的主要变革是大幅降低（如果不是完全消除的话）对国内产业的保护力度。一个重大举措是全面削减进口关税。这是在一段时间内浮动进行的，削减措施本身一直持续了10年之久，直到最后，平均关税率稳定在一个远低于过去的水平，尽管在某些情况下还是高于其他非经合组织经济体的水平。① 在改革开始后的20年内，印度的开放程度远超1990年，尽管卢比在资本账户上还不能完全自由兑换。然而，资本账户自由化的程度也不应该被低估。外国直接投资受到高度鼓励。投资组合的资本流动尽管受到控制，却只是不对称地对国内投资者做出限制，而允许国际金融机构的资本自由地跨越边境。尤其是贸易的数量限制消失了，虽然这是通过一项为在世界贸易组织的框架下建设一个更开放的全球贸易制度的国际行动来实现的，而不是印度为推进经济自由化政策而采取的单边举措。然而，就政策制度的特点而言，得益于1991年开启的自由化，印度经济与世界其他地区的融合程度大大提高。在判断一个经济体的开放度时，其标准是贸易制度的限制程度，还是贸易制度的结果指标，如进出口总和占国内生产总值的比重，经济学家对此仍有分歧。考虑到这一点，我们可以指出，自1991年以来，印度的贸易（即出口加进口）在产出中的份额有了显著增长。因此，无论用什么

---

① 大约30年后，莫迪政府在实施"印度自立更生政策"（Atmanirbhar policy）的过程中，一定程度上扭转了这种局面。

标准来衡量，印度已经成为一个更加开放的经济体。综合考虑取消工业许可的影响和经济对全球贸易流的开放，总的来说，在过去 30 年里，印度的市场自由化已经取得了很大进展。由于印度正日益转变为世界的一个主要经济实体，至少在规模上是如此，了解这一发展的后果是一件颇为有趣的事。我会重点关注两个问题。首先，我将致力于辨析改革的结果是否与政府在进行改革时所宣称的目标相一致。其次，我将探究市场自由化是否为整个社会带来了均等的机会。

有两个目标推动了 1991 年开启的经济改革。一个是更快的增长，另一个是更高的效率。[①] 在当时，改革的设计者可能设想的两个目标结果之间的确切关系并没有被充分揭示。然而，有一种说法认为，市场自由化之后，更激烈的竞争将导致生产力更快地增长。但事实证明这一点并未实现，[②] 因此，我将重点讨论产出的增长。在公众的意识中，这是一个比其他指标都更重要的经济指标。

在 1991 年之后的 20 年里，印度的经济增长速度确实加快了，但用了 10 多年时间，增速才出现向上转变的趋势。[③] 从 2003—2004 年度开始的 5 年间，印度实现了前所未有的高增长率，尽

---

① 关于政府对改革根本原因的看法，可参见 1991 年 7 月和 1992 年 2 月发布的《经济调查报告》(*Economic Survey*)。
② 参见巴拉克里希南、帕拉梅斯瓦兰、普什潘加丹（Pushpangadan）和苏雷什·巴布（Suresh Babu，2006）。
③ 参见图 1.1。

管离决策者所期待的 10% 这一数字还略有差距。这一阶段随着 2008 年全球金融危机的爆发戛然而止。然而，尽管从 2008 年开始，印度的增速有所放缓，但直到 2020 年新冠疫情暴发之前，印度一直是世界上增长最快的经济体之一。有趣的是印度增长的性质，特别是从其扩散机会，进而增强包容性能力的角度来看。虽然改革的重点是制造业——这可以从贸易和产业政策的调整上直接看出来——但各部门中增长最快的主要是服务业。2008 年之后，制造业的增长一直相当迟缓。农业部门不仅出现了增长波动，在粮食方面，产量的增长甚至没有跟上人口增长的速度。这是大约 50 年来，印度的人均粮食供应量首次出现下降。[①] 虽然这是一个值得密切关注的问题，但有理由怀疑，农业增长放缓是否只是与市场自由化有关。根据一种颇有影响力的推理，在两个部门并存的经济中，保护工业就相当于轻视农业。现在，贸易自由化和产业政策改革有望改变农业贸易条件，从而提高农业收入。人们相信这会激励生产者扩大农业部门的产出。[②] 根据这种观点，改革理应让农业绽放出新的活力。然而，事实并非如此。[③]

---

① 根据印度政府的报告，关于农业部门增长率下降的证据可参见德夫（Dev，2008）。关于 1991 年以来粮食供应的证据，参见迪顿（Deaton）和德雷兹（Dreze，2002）。
② 曼莫汉·辛格在担任财政部部长时的一次公开演讲中阐述了这一观点。参见辛格（1995）。
③ 关于 1991 年以来，结构性因素和政策制度变化在决定农业增长方面的相对作用的经验评估，结论是前者可能发挥了更重要的作用，参见巴拉克里希南、戈雷特（Golait）和库马尔（Kumar，2008）。

第三章 重返世界

大多数对印度进行市场改革以来增长情况的评估都倾向于量化，这种方法虽然重要，却是一种有限的形式。我们现在要进行定性的评估。首先，尽管直到1991年以后，工业增长才出现预期的明显加速，但制造业中的各个部门都经历了显著的增长和转型。汽车就是一个典型的例子。这一产业不仅出现了快速增长，而且朝着越来越先进的方向发展，这意味着印度具有成为全球汽车制造中心的潜力。下一步的发展不限于制造业，印度有望成为国际青睐的研发地点，其中一些是全球制造业巨头，但更重要的是从IBM到微软这样的信息技术公司。在制造业中，印度也被视为高端设计和制造流程重整再造的场所。部分原因是包括互联网在内的廉价国际通信网络的发展，使利用印度长期建立起来的、具有全球竞争力的技能基础成为可能，而不是市场自由化本身。但是，一些进口自由化和放宽外汇限制的措施也确实起到了作用，而且对政府作用的理解也发生了变化。[①] 自1991年以来，这一作用被重新解读为扶持企业。然而，不能忽视的是，这可能表现为对外国投资的需求比对国内投资的需求更为重视，而在国内投资者中，对大公司的需求比对小企业的需求更为重视。最后，全球知名企业在印度日益增多，这当然也与外国直接投资的自由化有关。

在结束本节前，我们可以说，物质生产图景给人的印象是，制造业聚集了充满活力的集群，而缓慢增长的农业则代表了停滞

---

① 参见纳拉亚纳·穆尔蒂（Narayana Murthy，2004），虽然作者的观点可能与软件业更为契合。

不前的腹地。这一点从实现包容性增长的角度来看是非常重要的。在过去的10年中，尽管与其他经济部门相比，农业部门一直在萎缩，但依然吸收了印度最多的劳动力，因而组成印度政府的两个政治团体都提出了包容性增长的目标。后面我会再来讨论这个问题。

自由化与印度的生活质量

什么是"生活质量"？市场自由化又如何促进了它在印度的进展？1991年启动改革时，这一重要问题并未明确列入政府的议程。但认为政府对这个问题漠不关心也是不合适的，只是政府似乎觉得，只要关注增长就够了。提出关于生活质量的问题是很重要的，因为评价经济增长主要看其对人类的福祉有多少贡献。然而，为了对决策者保持公正，我们可以将他们的沉默理解为：必须首先解决就业问题，然后"生活质量"才会进入考虑范围——人们似乎已经假定，较快的增长和广泛的扩大就业之间存在直接关系。尽管要定义"生活质量"本身就存在困难，研究实现这一目标的进展所需的统计数据也很匮乏，但在这里我们绝对有必要努力评估一下，市场自由化对提高印度生活质量所做的贡献。

即使最随意的观察也表明，印度的生活质量在某些领域有所提高，特别是这个国家所生产产品的种类、质量和可获得性均有了很大改善。这无疑与行业准入自由化有关。有趣的是，这似乎是在没有大量涉外准入的情况下实现的，无论是以外国直接投资还是以进口的形式。我们也看到某些服务行业质量提高了，特别是航空旅行和电话通信。移动电话革命已经席卷全国，并改变了商业和人际沟通的机会。这里所需的资源——包括技术和硬件——最初来自海外，而外国直接投资自由化发挥了重要作用。在航空旅行中也可以看到类似的转变，其带来的直接益处是成本降低、选择增多。这要归功于航空业准入自由化。有意思的是，虽然所有的私人资本都是国内的，但包括飞行员和管理人员在内的部分人力往往都是国际的。私营企业进入航空业、电信业和银行业，对印度公众所获得的服务质量产生了切实影响。另外，它们也促使作为竞争对手的公共部门提高服务质量，这些部门此前一直处于垄断状态，现在却面临竞争。

这似乎在一定程度上证实了，包括准入在内的广义的私有化，的确发挥了预想的战略作用。不过，我们可以有把握地认为，除了电信，服务业质量的提升主要局限于中产阶级以上的社会阶层所消费的服务。从使用网上银行或依赖航空交通的人群便可以推断出这一点。因此，改革无疑确保了印度中产阶级获得世界一流产品和更好服务的愿望在很大程度上能够得到满足。但在强调这一点时必须认识到，即使印度中产阶级的规模相当大，但中产阶级本身只占人口的一小部分。

在关于生活质量的话题上，人们很容易就此达成共识：美好生活的重要组成部分是银行和航空公司以外的商品和服务。这方面的例子包括法院、城市管理以及从道路到污水处理的基础设施建设。经济学家将这些称为"公共产品"——它们是公共的，因为它们可以被所有人使用。鉴于它们在消费中具有非竞争性和非排他性的特点，这意味着，市场很可能无法充分提供这样的产品，因此必须由政府来提供。几乎没有证据表明，自1991年来，印度公共产品的质量和数量有大幅提高。另外，我们有理由相信，较快的增长可能已经使现有的薄弱的基础设施达到了极限。即使我们对经济理论只有最基本的认知，我们也会意识到，虽然印度的经济体制更自由了，经济增长也更迅速了，但稳定的公共产品的重要性是不言而喻的。毕竟，这些产品被冠以"公共"是有原因的，它蕴含着这样一种假设，即市场本身不太可能提供这样的最优产品。因此，我们可以有把握地认为，要让印度出现足够数量的公共产品，就需要市场自由化以外的具体干预措施。

实际上，公共产品的重要性不只在于它们会提升那些已经就业的人的生活质量。如果说，确保增长的包容性意味着让更多的人实现就业，那么，公共产品对于实现包容性增长的目标就是至关重要的。这方面的例子诸如，农产品会由于缺乏道路网络而腐烂，灌溉设施不足会导致土地的生产能力下降等。

在关于印度增长和发展的讨论中，相对于消费而言，公共产品在生产领域的作用往往被低估了。印度的第一轮改革将重点放在了激励投资或扩大产出上，这在某种程度上是正确的，但现在可能是时候让经济政策去积极关注那些能够为生产过程本身赋能的因素了。如果缺乏这些赋能因素，那么，以自由形成的价格为代表的假定合理的激励结构，抑或是一个可预测的法律框架，对生产者来说都并无二致。印度这方面的例子包括马拉特瓦达（Marathwada）缺水的农民和卡纳塔克邦（Karnataka）缺电的小企业主。① 与收入统计，进而与贫困统计相比，我们没有关于印度公共产品和服务的可获得性及其分布的汇总统计数据。我们只能依靠媒体的零星报道，而这些报道并不能使人消除疑虑。一个典型的例子就是，2015年11月金奈（Chennai）的洪水据称是由于官方部门的管理不善造成的。在发生这一事件的前几年，印度北部的整个电网还出现过暂时的熔断。我将在下一章评定新冠疫情的影响时讨论公共产品的可获得性问题。

虽然印度经济的加快增长符合改革进程管理者们的预期，但也出现了一些意外之喜。首先，印度经济与世界其他地区经济的进一步融合比预期的要顺利得多。虽然2009—2010年度的国际收支创下了60年来最大的贸易赤字纪录，但由于私人资本大量流入，国家能够顺利地为其支付款项融资，且过程比1991年宣布对外自由化时批评者声称可能出现的状况容易得多。资本流入也会给宏观经济管理带来问题，但它反映了世界其他地区对流入国经济的信心。印度经受住了来自世界的商品和资本市场的冲击，这足以证明印度经济固有的弹性和宏观经济管理的质量。

特别是，自1991年以来的30年是印度最长一段免遭外汇短缺的时期。早些时候，尽管资本流动受到严格控制，但国际收支危机几乎每10年就会出现一次。现在，角色发生了显著的逆转，2010年，印度向国际货币基金组织提供了贷款！

不过，重要的是理解国际收支状况是如何转向的。虽然1991

---

① 尽管严格来说，水和电并不是公共产品，但减少环境制约和加强基础设施建设总是需要经济学家称为"集体行动"的因素。

年之后出口的确在增长，尤其是服务业，但进口也在增长，特别是取消消费品的进口数量限制之后。这种增长可能反映了进口收入弹性的提升。即使在1991年之后，除了有一年例外，印度的经常项目也一直是赤字状态。那么，印度后来是如何避免发生国际收支危机的呢？之所以能够避免，是因为资本流入弥补了持续性的经常项目赤字，而在经济改革之前，这种可能性并不存在——正是经济改革放宽了国际收支中资本项目的交易。

这可以从表3.1中的数据看出。我们可以看到，随着时间的推移，投资组合资本流入的重要性增加了。在这个意义上，印度推进与世界其他地区一体化的经验与中国完全不同。在一体化之后，中国能够产生巨大的贸易顺差。尽管有人指责这反映了人民币被故意低估，但这些顺差背后的出口表现却成为中国经济增长的引擎。印度的经济改革并没有取得类似的成功。外汇储备的增长虽然令人印象深刻，但与中国相比却显得微不足道，这种增长是资金流入而不是出口顺差造成的，而后者是人们曾经热切期望的。现在很明显，仅仅通过减少政府对私营部门的管制或放开对外交易不能培养竞争力。全球成功经济体的历史表明，公共基础设施、私人研发和便利顺畅的政府体制对一个国家的出口竞争力至关重要。这些因素在大部分印度软件服务出口企业中都具备，但对于货物出口企业来说却并非如此。1991年以来，出现贸易顺差的情况很少，当然，软件服务领域除外。包括投资组合资本在内的外国资本流入支撑了国际收支平衡。同样，如表3.1所示，投资组合资本是不稳定的，流出和流入都很容易，导致储备金迅速耗尽，这就是为何一些国家会对其进行控制。但印度没有这样

表 3.1 印度对外支付融资

	1990—1991 年	2000—2001 年	2010—2011 年	2019—2020 年
贸易平衡	-3.0	-2.7	-7.8	-0.05
付现交单	-3.1	-0.6	-2.7	-0.01
外国直接投资(净额)	0.0	0.8	0.6	0.01
投资组合资本	0.0	0.6	1.8	可忽略不计

注：数字为占国内生产总值的百分比（%）。
来源：《经济调查报告》各章，印度政府。

做，这种选择也许是出于对自身需要表现得像个全球一体化经济体的焦虑。对抗国际收支压力的唯一保障是持续强劲的出口表现，但印度还没有通过改革达成这个目标。在上表中我们可以看到，有时候，贸易赤字已经膨胀到 1991 年的 2.5 倍。

经济改革后，印度国际收支的改善让一些观察家感到惊喜。这表明，印度经济在被卷入全球竞争时有很强的韧性。但也有一些不令人愉悦的"惊喜"，最出人意料的便是农业部门的表现。农业的增长并非死气沉沉，但一直不稳定，特别是 2008 年以后。总的来说，自 1991 年以来，农业增长的平均速度几乎没有跟上人口增长的速度。对于一个按全球标准衡量，人均食品消费水平较低的经济体来说，在经济高速增长的时代出现这种情况是令人失望的。事实上，整体的高增长率掩盖了农业领域的失败。对印度自市场自由化以来的经济表现的评价往往忽略了这样一个事实：在漫长的历史进程中，世界上最富裕的国家就是那些成功地使其民众获得丰富而廉价的食品的国家。[①] 这方面的一个指标是，在富裕经济体中，食品在家庭平均支出中所占的比例很低。在跨国比较中，我们会发现人均国内生产总值水平与食品在家庭支出中所占比例呈强烈的负相关。[②] 至少从古典经济学家大卫·李嘉图的时代起，我们就知晓了这种关系的成因。它代表了一种机制，即便宜的食品可以释放家庭对其他商品和服务的需求，对于贫穷的经济体来说，这意味着农业生产力的不断提高可以成为增长的

---

① 要了解半个多世纪以来的全球历史，参见约翰逊（Johnson, 2011）。
② 从联合国公布的跨国数据可以清晰地看出，参见联合国数据库网站。

动力,至少在增长的早期阶段是如此。事实上,如果制造业缺乏国际竞争力,那么农业就是一股最有前景的潜在力量。但与世界上富裕经济体的历史经验相反,自 1991 年以来,印度食品的实际价格不仅没有下降,反而上升了 50% 以上。① 在过去的 15 年间,印度的食品价格通货膨胀在各个阶段都非常高,虽然近来有所缓解,但在提升通货膨胀水平的诸多因素中,它依然是最主要的,即使在新冠疫情期间、经济活动大幅收缩时也是如此。在一个被部分人誉为"崛起的经济大国"的国家里,人们并不期待看到食品价格出现持续的通货膨胀。

当然,收入的增加可能已经完全能够弥补较高的食品价格。情况是否真的如此,最好看一看贫困的趋势。为此,我参考了迪顿和德雷兹(2002)的调查结果。两位作者从更广泛的角度来看待贫困的成因,他们关注健康、教育这样的发展指标,以及家庭的标准消费支出。这种视角颇有裨益。作者的结论是,根据他们的估计,"20 世纪 90 年代贫困率下降与早期的趋势基本一致"。在发展方面,他们的结论是:"大多数指标在 20 世纪 90 年代继续改善,但社会进步出现了十分多样的模式,有些领域加速发展或有所放缓,有些领域甚至出现了倒退。我们没有找到证据,可以支持 20 世纪 90 年代是一个'前所未有的改善'或'普遍贫困化'

---

① "实际价格"是指一种特定商品的价格与经济中一般价格水平的关系,这里是指食品价格。关于文中提到的印度食品实际价格的变动,参见巴拉克里希南和戈亚尔(Goyal, 2019)。

的时期的笼统说法。"① 虽然迪顿和德雷兹的研究关注的是改革后的早期阶段，但迄今为止，官方对贫困的估计是至少还要延续10年。现在的问题是：减贫的趋势是否还在继续？我们很快就会看到答案，但现在就可以观察到以下几点。有可能穷人的状况正在改善，同时富裕阶层通过正在发生的增长获得了更多提升，这意味着更大的不平等。难道"贫穷减少，而不平等增加"就是印度自1991年以来的特点吗？

正如托马斯·皮凯蒂所指出的，不平等是由国家的经济政策决定的。对于印度来说，政府的预算政策在一定程度上揭示了，在市场改革的时代，哪一部分人能从整体经济政策中获益。不过，在没有具体实证调查的情况下，我们只能初步提出这样的说法。我们可以注意到，自1991年以来，中央政府的许多预算拨款都可能对中产阶级有不均衡的倾斜。请注意公司和个人税率的降低，高等教育的扩张——特别是印度理工学院和印度管理学院新校区的建立，甚至还有农业贷款豁免。仿佛是为了纠正对富裕阶层的政策偏向，政府又以穷人为目标群体，出台了"全国农村就业保障计划"。

贫困

一些经济学家指出，自1991年以来，印度的减贫速度加快

---

① 参见迪顿和德雷兹（2002），第3729页。

了，这间接表明改革发挥了作用。[①]减贫加速的事实是毫无争议的，但相对于其他同期的公共政策干预措施，我们所理解的改革在这一过程中所起到的作用需要予以辨析。为了实现这一目标，我们首先需要承认，以贫困人口数量来衡量的贫困在20世纪80年代就开始下降了。官方对20世纪80年代贫困情况的统计有两个时间点，即1983年和1987—1988年。贫困人口数量在这两个时间点都出现了下降，1983年是贫困人口数量有史以来第一次下降。在1983年和1988年之间，贫困人口数量的下降速度加快。但这一态势并未持续，在1993—1994年的统计中，实际上显示贫困率出现了温和增长。[②]不过，我们需要正确看待所记录的贫困波动。进行贫困统计的时间间隔并不总是一致的，其数据还会受到现行价格的影响，因为消费支出会根据价格变动进行调整。尽管如此，我们有理由相信，1993—1994年所记录的贫困率上升不一定是一个假象，因为在2004—2005年，贫困人口数量预计将进一步增加，尽管幅度不大。直到2009—2010年的统计才显示，印度的贫困人口数量再次下降。在接下来的两年里，贫困人口数量出现了相当惊人的下降。为了准确说明下降的幅度，2004—2005年、2009—2010年和2011—2012年的贫困人口分别是4.07亿、3.55亿和2.7亿。因此，虽然说改革以来贫困人口

[①] 参见兰加拉詹（Rangarajan）和德夫（2017）。
[②] 这些观察是基于使用"拉克达瓦拉法"（Lakdawala Method）的贫困统计。后面的分析是基于使用"坦都卡法"（Tendulkar Method）的贫困统计。两种数据都来自计划委员会（2014）。

迅速减少是正确的，但这实际上是从 1991 年开始的大约 15 年后才下降的。此外，减贫在更早的时候就已经发生过了。

从 2009—2010 年到 2011—2012 年，以历史标准来看，减贫的成效非常显著，这需要加以解释。当我们理解了可能促进贫穷减少的过程时，我们也就能够评估自由化改革对这一结果所起到的作用。贫困的减少紧随着印度出现有史以来最快增长的时期，即从 2003—2004 年开始的 5 年间。其中有 3 年的增长接近突破两位数的天花板。然而更为关键的是，减贫是在农业增长达到历史最快的时候发生的。德奥卡尔（Deokar）和谢蒂（Shetty，2014）估计，从 2005—2006 年至 2013—2014 年，农业平均每年的增长率为 4%，而此前 10 年为 2.5%。农业在持续近 10 年的时间里增长了 60%，这必然会对贫困产生重大影响。同样，在 20 世纪 80 年代，减贫速度首次加快也处在一个农业加速增长的时期。1991 年后，改革和农业增长在推动减贫方面所起的作用，从农村和城市贫困的不同趋势中就可以看出。① 在 2004—2005 年之后，我们才第一次看到城市贫困人口数量的减少。在此之前，这个数字一直在稳步上升，而农村贫困人口数量则在 1993—1994 年之后恢复了减少趋势。

这一点能够正确说明改革的作用。经济改革的重点是贸易、工业和金融部门。这些部门的活动主要集中在城市地区。在 1991 年之后的 10 多年里，改革并没有成功地使城市贫困人口数量下

---

① 后面讨论中提到的贫困数字来自计划委员会（2014）。

降。只有在农业开始快速增长以后,城市的贫困人口数量才开始下降。这其中可能有两个过程在起作用。一方面,农村收入的增长刺激了对城市产品的需求;另一方面,在农村贫困大幅减少之后,农村人口的迁移——这将导致城市贫困人口数量激增——便放缓了。从2004—2005年至2009—2010年,农村贫困人口数量下降了15%,而城市贫困人口数量只下降了5%,这一事实足以表明农业增长在减贫方面所起的作用。这说明了一种可能性:如果没有强劲的农业增长,经济改革对城市贫困可能影响甚微。农业的快速增长本身很可能由来自特定部门的公共政策推动,而这些政策并不是人们所理解的、由政策制度的自由化来定义的改革的一部分。德奥卡尔和谢蒂认为,相关的政策包括:增加公共投资、加快私人投资的信贷增长速度以及启动"国家园艺行动"(National Horticultural Mission)。[1] 从中我们可以吸取一个教训。未来的减贫战略最好以历史记录为基础,即着眼于我们已知晓的过去的有效经验,而不是做出"更多改革"的承诺。不过,通过我们的研究可以看到,有一件事是显而易见的。要消除印度经济中的严重贫困,不仅需要增长,而且需要农业部门持续、高速地增长。迄今为止,实现显著减贫的所有阶段——20世纪60年代后期、20世纪80年代,甚至21世纪初期的几十年——都是农业高速增长的时期。

---

[1] 参见德奥卡尔和谢蒂(2014)。

为何农业依然重要

自 1991 年以来,以产出的增长速度来衡量,农业部门的表现远远逊于其他两个部门,即工业和服务业。然而,大部分的劳动力,即 50% 以上的劳动力,都集中在农业部门。因此,农业部门人均收入的增速比其他两个部门都慢。在目前的趋势下,如果农业劳动者能获得同等的机会,从其他两个增长较快的部门获取收入,那么相当一部分人都必然会迁出农业部门。然而,这不是一个意愿问题,并非像我们提出"那他们为什么不迁移?"这个问题一样简单。

成功的迁移需要两个条件。首先,除了建筑业的体力劳动,进入非农业部门需要较高的教育水平和一定程度的技能,劳动者只有在具备上述能力的情况下才会考虑这种流动。这一点在制造业中尤为明显。在全球化的世界里,企业的竞争是以劳动生产率为基础的,而其他可变投入都是可交易的,这意味着企业有平等获得这些投入的机会。同时,移民管控确保了劳动力在很大程度上来自国内。现在,企业最终要依靠劳动力成本进行竞争,而劳动力成本是由生产力决定的。农业劳动者离开其正常工作领域所需的技能并不是没有成本的,要么接受他们的公司为其再培训付费,要么劳动者需要重新培训自己。从历史上看,按照欧洲的标准,印度的企业一直都不愿意培训潜在的工人。另一方面,许多没有土地的农村劳动者几乎一贫如洗,因此没有能力进行自我培训。显然,在这种情况下,国家需要介入。

第二个需要考虑的因素是,迁出劳动力所增加的非农业生产必须找到市场。为了正确说明这一观点,我暂时提一些题外话。经济理论中凯恩斯革命(Keynesian Revolution)的核心观点是,劳动力的需求是一种衍生需求,也就是说,只有在对商品有需求的情况下,才会产生对劳动力的需求。自由市场经济的追捧者和反对者都忽略了市场经济的这一内涵,因此,劳动者向非农业部门的迁移不能仅仅是一种愿望,它必须与经济中其他领域的发展相结合,要实现这一点,国家就要发挥协调作用。核心问题是,农业人口在非农业部门追求就业和更高收入,非农业部门要扩张,就必须扩大对其商品的需求,而扩大的非农业生产的市场必须由农业的增长来提供。因为,虽然原则上需求可以来自世界其他地区,但当今世界经济增长放缓,这意味着不能依靠外部需求来实现预期的转型。

这是否会让我成为一个"出口悲观主义者"?在经济学家眼中,这是一个污点,或许比目前印度治理中的"反国家"①一词更加糟糕。我认为并非如此。我的观点是基于以下情况得出的:事实上,早在2020年年初世界经济在新冠疫情影响下放缓之前,印度的出口就已经举步维艰。比如,在2016年中期,印度的出口仍未从连续17个月的下降中恢复过来。现在,随着新冠疫情的减弱,世界经济又因为发生在欧洲的战争陷入新的不确定性中。由于来自乌克兰的粮食供应暂时受到影响,印度可能找到了出口农产品的机会之窗。但鉴于全球经济很有可能放缓,印度其

---

① "反国家"(anti-national)是莫迪政府执政期间经常使用的一个政治标签,执政党常以此来定义反政府行为。——译者注

他出口产品的需求大概也会受到影响。然而，真正重要的不是为眼前的困境寻求一份行动指南，而是应该竭尽所能，提高印度企业的国际竞争力。这让我们回到了我已强调过的问题上，即实现这一目标的一个制约因素就是我们劳动力的技能水平。

总而言之，一个经济体的产品有两个需求来源，即国内和国外。现下，我们需要依靠前者，而持续稳定的农业增长是这一战略的必要组成部分。但是，如果要让农业在至少一段时间内成为增长的动力，它就必须在避免价格上涨的情况下进行扩张，因为农产品价格的上涨会阻碍这一战略所预设的制造业需求的增长。如果农业扩张的同时伴随着产量的提升，那么即便价格没有上涨依然可以获利。在讨论如何提高农业生产力之前，我应该首先提一件重要的事：我们为什么必须鼓励劳动者离开农业？其原因不仅仅是为了让我们的青年人追求更多机会。由于碎片化，印度农场的平均规模正在逐步缩小。如果这种情况继续下去，即使产量保持不变，每个农业家庭的收入也会减少。我们最好将其视为一个说明印度的前景如何受制于自然资源的可获得性的重要例子，但政治光谱的两端几乎都没有考虑过这种可能性。

提高农业生产力至少需要政府出台三种干预措施。第一，必须提供有效的基础设施。这只能由政府来完成。在此，我想简要说明一下我所说的"有效"是什么意思，它指的是投入的实际可获得性。有人指出，印度的官方统计数据可能没有反映出不同地区的可获得性的真实状况，从灌溉统计数据到印度政府的粮食库存都值得怀疑。第二，印度广泛的农业研究机构体系需要更为强力的知识投入。回顾过去，这些机构曾处在20世纪60年代绿色革命的最前沿，而现在它们都处于休眠状态。除了治理缺失，没有什么能解释这一状况。提到绿色革命，我们不能忘记，印度最后一次大规模的农业改革是在50年前进行的。今天，农业所面临的以生态因素和气候变化为特征的全新挑战已经抬头。考虑到这些因素，现在需要进行第二次农业转型。第三，教育不只对制造业影响重大。气候变化造成了自然资源困境，全球市场一体化带来了日益激烈的竞争，农业将不得不在这些劣势条件下发展。因此，提高农业生产力需要更多受过教育的农民。

巨大的失望

改革在终止国际收支压力和提高增长速度方面的成功，使人们忽略了一个事实：有一个领域，改革几乎毫无成效，那就是制造业。到20世纪80年代，所有相关人员都清楚地认识到，印度的经济表现与东亚其他国家和地区相比是有缺陷的，不仅仅是日本——日本在印度独立时已经实现了工业化，韩国也在向世界其他地区出口产品，而且其出口的是以电子器件为基础的高质量制造产品。改革启动时印度政府的《年度经济调查报告》表明，东亚地区的成功经验就是通过制造业实现增长，在其规划者的设计中，这一点被置于中心位置。改革的主要内容包括直接或间接地影响经济中工业和贸易部门的政策，这一事实便证明了这一点。在这些政策中，大幅降低关税和完全取消数量限制是其中最令人震惊的变化。

当然，强调发展制造业也完全有理论支持。许多年前，尼古拉斯·卡尔多（Nicholas Kaldor）观察到，制造业的快速增长与劳动生产率的快速增长相关，这表明，当至少部分增长的生产率以更高工资的形式传递给劳动者时，就会出现繁荣。此外，对于印度这样人均土地占有率极低的经济体来说，制造业还有"节约土地"的额外吸引力。尽管存在这些理论上的合理性，但就1991年的改革而言，使天平向制造业倾斜的各种因素中，最可能的便是东亚国家在制造业上取得的辉煌成功。如今，在改革的30年后，类似的制造业成就却没有在印度发生。我已经提过，自1991年以来，印度所生产的消费品的范围大大增加，质量也大大提升，但在一个重要的方面，改革未能产生预期的结果。从表3.2可以看出，制造业在经济中所占规模并未扩大，事实上，反而还缩小了。包括中国在内的东亚经济体的制造业比重大大高于印度。这表明，制造业可能是一个经济体中最有活力的部门，但印度没有能力发展制造业，这一点可能是导致印度人均收入低，进而导致贫困率居高不下的原因之一。

表3.2 印度制造业在经济中的比重（%）

1990—1991年	2000—2001年	2010—2011年	2019—2020年
16.2	15.3	14.8	14.7

来源：作者根据印度统计和计划执行部（Ministry of Statistics and Programme Implementation）公布的国民收入数据计算得出。

我们要问：尽管印度重点对制造业的政策制度进行了改革，但制造业在经济中的比重却毫无起色，这是为什么？我可以想到导致这种结果的 4 个原因，这是从东亚经验中推断出来的，而这一点颇有意义，因为在 20 世纪 50 年代，这些经济体并不比印度富裕多少。其中有两个是经济因素，另外两个则源于政治经济学。也许最重要的一点是，东亚社会的学校教育水平更高。让我们暂时忽略韩国等屡屡被引用的例子，看看在开始发展经济时，文化和人均收入方面都与印度更接近的经济体。在这方面，有一个观点十分中肯："印度 2004 年的文盲人口比例与中国 1970 年左右、马来西亚 1960 年左右所观察到的数据相似。印度 2004 年完成中等教育的人口比例（16%）只有中国 1975 年的一半。"[①] 这些数字显示了印度和其东部邻国在教育水平方面的惊人差距。在 21 世纪，对一个面向全球制造业的国家来说，识字率还不足以使其合格。因此，即使印度在扫盲方面取得了长足的进步，但在 1991 年的自由化改革之后，印度的人口技能水平仍然落后，直到最近，这方面的工作才略有进展。不难推断，由于雇用的劳动力受教育程度较低、拥有的技能逊于世界上其他地区的工人，印度制造商将很难在全球范围内竞争。

东亚在制造业方面取得成功的第二个经济因素是基础设施的可获得性。基础设施并不容易衡量，正如皮耶罗·斯拉法（Pierro Sraffa）所调侃的："一条隧道有多少吨？"但我们能通过从北京到上海的时间，以及新加坡集装箱船可能实现的快速周转，来评估印度与东亚国家相比在基础设施方面的实力。在这方面，至少中

---

① 参见里布（Riboud）和谭（Tan，音译，2009），第 209 页。

国的基础设施是由国家建设的。[1]有趣的是，与尼赫鲁–马哈拉诺比斯战略通过分配公共投资所展现出的意味不同的是，1991年的经济改革似乎并没有真正意识到，为实现想象中的快速增长所需要的基础设施应该从何而来。正如我们已经说明过的，这些改革在很大程度上是自由化的。基础设施很重要，而且大部分基础设施必须由政府提供，这一点可以从印度经济增长最快的阶段，即从2003年开始的5年中看出。这一时期基础设施领域的公共投资非常高。当然，私人投资也在增长，但公共投资增长得更快。这个短暂的阶段是为数不多的由制造业主导的增长转型阶段之一，也就是说，制造业增长率的提高对经济增长率的提升贡献最大。这有力凸显了政府提供基础设施对制造业增长的重要性。

最后，第三、第四个因素都与政治经济学有关，即官僚机构的作用和利益集团影响国家增长方向的能力。可以看出，它们实际上是相生相伴的。政治经济学将东亚奇迹解释为"官僚威权下的工业化政权"塑造的成果。经济学家罗伯特·韦德将东亚国家的成就归功于"管理市场"。[2]但重要的是，这些国家也成功地管理了官僚机构，让后者不得不在工业化进程中发挥支持性作用。这可能与印度总理拉吉夫·甘地就任不久后就察觉到的经验完全不同（如前一章所述）。殖民时代的规则赋予了印度官僚机构独立性，它们一直处于相对不受约束的状态。除了官僚机构，印度还受到利益集团的影响，他们是富农、工业资本家以及有组织的

---

[1] 参见萨胡（Sahoo）及其他（2010）。
[2] 参见韦德（1990）。

经济部门中规模虽小却好战激进的劳动势力。在不同时期，印度政府屈服于这些利益集团，从而错失了增长的机会。而在东亚国家中，至少在工业化早期，这些国家是专制国家，这就意味着上述这样的经济利益集团几乎不存在。

但是，即使驯服利益集团并约束官僚机构，也不足以创造东亚奇迹。充满智慧的政策设计、政府提供大规模的基础设施和教育才是支撑东亚奇迹的基础。这些因素在印度基本不存在。完全从自由市场和贸易开放的角度看待东亚的增长和发展经验是一种彻底的误读。作为一种宏大叙事，我们可以说，是人的发展支撑起了这些国家的崛起，它们创造了一批健康的、受过教育的人，这些人构成了经济的筋骨。印度可以从这段历史中学习经验。

与东亚相比，印度的官僚机构一直相对不受约束。正如我在上一章中所指出的，拉吉夫·甘地清楚地认识到了这一点的后果，但他猝然离世，没能对这种安排做出改变。一个独立的、可以在不知不觉中滑向不受问责的官僚机构，反映了肇始于东印度公司殖民时期的治理模式。亚当·斯密曾一针见血地评论：他的"同胞"唯一关心的是不择手段地创造财富并尽可能快地离开这个国家，而对其他居民的遭遇不管不顾。然而，这种来自殖民主义角度的解释并不足以让人理解殖民主义给印度带来的削弱性后果。为了控制印度，英国人发明了一个介于他们自己和"当地人"之间的中间阶层，这个阶层就是官僚机构，印度人对他们的强取豪夺没有任何还手之力。另一方面，殖民政权纵容他们的过分行为，认为这不过是维持一个有利可图的殖民地需要付出的小小代价。

独立后的印度完整地保留了殖民时期的行政机构。当然，这并非不可避免。最高法院最近要求印度政府说明，为什么要保留一部在殖民时期长期用来压制印度人的煽动叛乱法。虽然今天很多人都明白，一部煽动叛乱法是多么荒谬，但殖民主义的做法对经济活动的削弱作用却没有受到仔细的审视。在这些做法中，最令人诟病的就是国家官员可以对公司场所展开随机检查，这阻碍了印度的工业发展潜力。

经济学家很难解释改革后制造业在经济中的比重未能上升的难题。我们现在可以看到，虽然在贸易和工业领域精巧设定的改革举措解决了政策制度的问题，但它们没有解决在这个国家制造产品的生产条件问题，特别是生产者需要不断地与不担责任的政府机构打交道，这可能会阻碍制造业的扩张。印度的监管制度需要进行刮骨疗毒式的彻底改革。

制造业虽然是改革的重点，但在经济中的比重未能上升的第二个原因很可能是需求增长缓慢。前文已经提到，需求必须增长，才能让部分印度人从农业转移到经济中的非农业部门。但改革本身的重点是供给面，并未包括扩大需求的机制。有趣的是，在专业人士远未充分理解增长经济学的时代，尼赫鲁–马哈拉诺比斯战略就已经考虑到了需求的增长。马哈拉诺比斯确定的外部需求来源就是公共投资。① 值得注意的是，在尼赫鲁时代，制造业在经济中的比重确实有所增长。如果试图从需求方面了解，制造业的比重为何会在1991年后停滞不前，下面的阐述可能会提供一条线索。制造业所生产的商品在质量和多样性方面都有了很

---

① 关于马哈拉诺比斯对这个问题的洞察，参见巴拉克里希南（2010）。

大的提高,而制造业的增长率却没有出现持续明显的提升,这可能反映了日益加剧的不平等——对优质商品的需求可能来自从经济增长中获益较大的那部分人口。如果增长是不平等的,那么对大众消费品的需求就不太可能快速增长。皮凯蒂和尚塞尔提供的证据显示,1991年后印度的收入不平等急剧扩大。事实上,收入不平等在下降了大约四分之一个世纪之后,在20世纪80年代又开始加剧。① 不平等的绝对水平和趋势都相当惊人。在20世纪80年代初,最富有的1%的人口仅占有社会财富的6%,但在2015年已上升至22%。一个合理的解释是日益不公的分配抑制了需求的增长。富裕阶层也许更倾向于在高端房产上的消费,而不是制造业。此外,他们的一些需求可能转移到进口商品上,即使这些商品也是制造业商品。然而,皮凯蒂和钱塞尔的判断也有争议,不平等的加剧与制造业增长之间的关系仍有待充分研究。

结论:重返世界,却措手不及

以下是对1991年以来印度经济发展的评估。伴随着经济增长的加速,印度所生产的消费品范围不断扩大,可获得的服务质量不断提高。此外,经济处于自1947年以来最长一段免于面临国际收支压力的时期。然而,并非所有的经济部门都同样充满活力,农业的表现实际上令人担忧。这种不平衡增长的一个方面是

---

① 参见皮凯蒂和尚塞尔(2019)。

经济中的机会分配不均。这种不平衡使很大一部分人的收入维持在很低的水平，尽管根据印度官方贫困线的标准，极端贫困现象在持续减少。

对印度1991年以来的经济史研究往往淹没在经济政策变化的细枝末节中，这掩盖了改革的核心是要让印度与世界其他地区重新实现一体化。早在开始讨论印度成为大国的可能性之前（事实上甚至在公元前，印度就是一个贸易国），印度的商品——甚至可以说"服务"，如果把东行传教的佛教徒也包括在内的话——在它们所流向的国家里是十分珍贵的。印度经济的这一特点在1947年后发生了重大变化，这种转变可以看作是当时经济政策的失败（但是正如我在第一章中所指出的，总的来说，这一政策远比人们所承认的要成功）。要想成为全球经济舞台上的重要角色，就不可能坚持保护主义。印度后来认识到了这一点，并采取必要措施，重新回到了在遥远的过去属于自己的位置。但正如本章所述，尽管1991年的经济改革取得了一些成功，这些改革还未能使印度在世界上成为一个成功的贸易者。事实上，经过30年的发展，我们可以看到，自由化是实现这一目标的必要条件，但不是充分条件。一个国家要想在世界市场上占有一席之地，就必须拥有受过教育、其技能水平具有全球可比性的劳动力，世界一流的基础设施，以及一个对营商有利的政府机构。

第四章　失去动能

到 2014 年，联合进步联盟①已经在选举中赢得了第二个任期，并执政了 10 年。曼莫汉·辛格领导的联盟在第一个任期内取得了辉煌的成功，虽然令人艳羡的增长实际上始于 2003—2004 年，即瓦杰帕伊（Vajpayee）担任总理的最后一年。不过，这种成功并没有延续到联合进步联盟的第二个任期。首先，2008 年的全球金融危机导致世界经济放缓，出口持续增长的前景被打破。其次，在 2009 年之后的 5 年里，农业遭受了一些负面冲击，最有可能的原因与天气有关。

除了这些对印度经济产生不利影响的外部事件，联合进步联盟的执政方向也发生了变化。其在第二个任期更加强调立法规定的权利，旨在扩大包容性，而对经济的关注似乎有所减弱，这些举措显然是更加民粹主义的。在联合进步联盟的第一个任期内，公共投资的增长令人印象深刻，并成为经济增长的引擎，但在第二个任期内却有所放缓。采购价格大幅提高，可以预见地加速了食品的通货膨胀。而且，最重要的是，频谱分配和煤矿开采权事

---

① 2004 年印度大选后，中间派和中间偏左政党形成的印度政党联盟，联盟中最大的成员党是国大党。联合进步联盟连续执政了两个任期，直到在 2014 年大选中败给印度人民党领导的、中间偏右及右翼的全国民主联盟。——译者注

件①造成了负面影响，导致治理过程犯下过错，给民众留下了一种大规模腐败的印象。

有趣的是，正如前一章所讨论的，在这一时期，减贫的步伐并未放缓，但这并不能对联合进步联盟政府有所助益。到2011年，全球金融危机后出台的宏观经济刺激措施退出后不久，经济就开始放缓。印度极端贫穷的人不再占大多数，而富裕阶层与前者的诉求很可能已经开始渐行渐远。2014年的大选就是在这样的背景下进行的。

承诺

在2014年的选举中，莫迪巧妙运作，俨然是当时的不二人选。当时，经济疲软不振，民众对现政府普遍抱有反对情绪，这可能对他有所帮助。莫迪曾连续4次担任古吉拉特邦（Gujarat）的首席部长，并在任职期间受到印度大企业的欢迎。尽管与印度的一些邦相比，古吉拉特邦的发展指标并不突出。在一次竞选活动中，他描绘了一幅现政府已然出现"政策瘫痪"的画面，并大力允诺一个更加果断、更有能力的政府。最重要的是，他提出了

---

① 印度政府审计机构于2011年指控电信部在2007—2008年分配2G手机频谱时涉嫌非法操作，存在大规模腐败行为。2012年，审计机构指控政府在2004—2009年未经招标将煤矿开采特许权授予企业，过程中存在贪腐行为，造成国有资产流失。两次事件导致辛格政府陷入政治危机。——译者注

第四章 失去动能

创造就业的承诺。在一个失业率非常高的国家，此举有望在竞选活动中取得绝佳的效果。同样能吸引选民支持的是他承诺要消除腐败，而当时的人们已经普遍认定，最高层的腐败行为让富豪阶层受益。莫迪将其承诺表述为"Na Khaunga, Na Khaane Doonga"，在选举背景下意为"我不会偷窃，也不会允许别人偷窃"。在一个高度不平等的时代，从选举结果来看，这很可能引起了大多数人的共鸣。

在一场强调发展（vikas）的选举活动中，莫迪指出基础设施和就业是重点。而且，不仅要发展，还要"大家在一起共同发展"（sabka saath, sabka vikas），这意味着未来的发展将是包容性的。莫迪的竞选口号"好日子就要来了"包含了改善民众生活的承诺。总而言之，更好的经济表现是莫迪总理在竞选活动中的重要承诺。鉴于改善经济在竞选活动中的核心地位，值得一提的是，莫迪团队并未制订任何计划，也就是说，没有明确的路线图去实现其所宣布的转型。从那时起，我们看到莫迪反复强调"经商的便利性"，给人的印象是政府将推进经商便利作为经济政策的一个重要组成部分。

莫迪可能没有明确提及更快的增长，但他承诺了提供就业机会。然而，如果没有增长，就难以履行就业承诺，反之却不一定为真。因此，或许他只是没有把未来会有更高的增长表现说出来。无论如何，对未来好日子的承诺都包括了这一含义，而这句高声宣扬的口号贯穿了莫迪大部分的竞选活动。

最后，莫迪还有一句格言："最小政府，最大治理。"这句话的具体含义并没有详细阐述，但它很可能是在表明，在决定经济结果方面，政府干预将让位于市场，使后者发挥更大的作用。莫迪的第一批行动之一就是撤销计划委员会，取而代之的机构被命名为"NITI Aayog"，从这个名字就可以看出莫迪的野心。"Aayog"仍然意为"委员会"，而在梵语中，"niti"根据上下文语境，可理解为"道德"或"政策"。但这个新机构名称中的"NITI"是"印度国家转型机构"（National Institution for Transforming India）的首字母缩写，这与新当选总理的公开声明相吻合，即他对印度的愿景是要进行快速转型，而不是一些渐进演变。不过，在这种预期的转型中，与计划委员会不同，印度国家转型委员会只扮演一个由政府慷慨资助的公共政策智囊团的角色，而前者除了是一个建立共识的论坛，还在国家对印度各邦的财政分配中发挥作用。

作为一个将自己塑造为经济转型者的政治领导人，莫迪并没有提出他的经济愿景，更没有阐明实现这一愿景的战略。在这一点上他不同于前面几任总理，包括尼赫鲁、英迪拉·甘地和拉吉夫·甘地在内的几任总理都成功地在经济领域打下了自己的印记。许多人认为，纳拉辛哈·拉奥（Narasimha Rao）是实行改革以来最成功的总理，但他也没能提出愿景。而曼莫汉·辛格的财政部部长是一位训练有素、经验颇丰的经济学家，他和他卓有成就的经济学家团队一起，确实阐述了一个愿景，那就是建立一个与世界其他地区一体化的市场经济。我们在上一章已经研究过其具体举措和成败得失。

莫迪没有宣布任何关于经济的新愿景、实施途径和管理方法，他的立场表明，他只是在避免腐败的前提下，继续执行联合

第四章 失去动能

进步联盟的政策。他似乎没有意识到自己并未回答一个问题，即在政策没有发生实质性变化的情况下，如何实现所承诺的就业增长。当然，应对这一挑战的途径也是存在的，那就是让私营部门的动物精神得到释放，去支配私营部门的行为。可以说，在拉吉夫·甘地主政时，就已经有了一些这样的释放，那时，此举让私人投资得到了有力恢复。也许莫迪曾想过，他就任总理后将推动类似的复苏。

虽然没有宣布实现转型的具体战略，但莫迪第一个任期内的财政部部长阿伦·杰特利（Arun Jaitley）的经济政策与"华盛顿共识"的主要原则非常相似。"华盛顿共识"首次出现于1989年，是一整套关于如何安排理想的经济制度的原则，其产生的背景是苏联解体，产生的基础则是对这一重大事件的特殊理解。这套理论摒弃了一切形式的经济干预，尤其排斥看起来针对工业部门发展的产业政策。其所建议的政策主要与宏观经济有关，并不直接涉及发展。

根据"华盛顿共识"，列出经济政策管理应该关注哪些领域是大有裨益的。提出这一说法的经济学家约翰·威廉姆森（John Williamson）列出了以下"改革事项"：财政纪律、重新确定公共支出的优先次序、税收改革、利率自由化、有竞争力的汇率、贸易自由化、外来直接投资自由化、私有化、放松管制和产权。①事实上，早在莫迪上台之前，印度政府就已经朝着上述几乎所有的方向迈进了。在这一进程中，有3个薄弱的领域，即重组公共

---

① 参见威廉姆森（2004）。

支出、私有化和加强产权。

尽管莫迪十分乐见每一项改革,但其政府的政策并没有影响到所有的改革方向。相反,莫迪政府从一开始就把重点放在了财政纪律问题上,即可以理解为削减财政赤字。而由总理瓦杰帕伊领导的执政联盟,即全国民主联盟在2003年制定的《财政责任与预算管理法》就已经给出了指导方针。特别是对财政部部长阿伦·杰特利来说,追求党内一位德高望重的导师所制定的道路,可能比追求"财政整顿"(用于削减赤字的术语)所带来的影响更有重大深远的意义。①《财政责任与预算管理法》把财政赤字控制在国内生产总值的3%作为目标。1991年后印度的经济决策是很可悲的,因为大部分政策都是外来的产物。在这个例子中,3%的上限似乎是借用了欧盟1999年《增长与稳定公约》中,部分财政规则开始生效时所采用的数字。尽管如此,财政赤字占国内生产总值的3%这一标准似乎已经在莫迪政府的经济政策测算中起到了定星盘的作用。

财政赤字的规模对政府借款的需求有直接影响,而且人们普遍认为,公共债务会对经济产生负面影响——当这种影响的效力并非微弱无力的时候。尽管李嘉图等价定理(Ricardian equivalence)②含蓄地表明财政政策具有无力性,但这种无力性已

---

① 杰特利与瓦杰帕伊均为印度人民党成员。——译者注
② 大卫·李嘉图提出的经济学假说,认为一个理性的消费者会把政府的预算限制内化到自己的消费行为中去,因此,无论政府使用租税手段,或是以债券方式借贷,整个经济体的需求水准都会保持不变,对经济不会有任何影响。——译者注

被证明取决于某些限制性条件,因此,我们有必要提出一个问题:既然国债是国民欠自己的钱,而不是欠其他国家的钱,那么为什么国债会成为一种负担?所设想的负面影响必须非常重大,才能被用来反对公共债务。在那些反对债务的人的"武器库"里,一直存在着一个基于代际公平概念的论点。其摆出的难题是,借贷并让子孙后代来偿还我们的贷款是否合乎道德。这个问题当然不能避而不谈。然而,提高公共债务带来的负面影响,必须与可能由政府借款融资创造的资产相权衡。欧洲福利国家这一代人所享受的令人印象深刻的公共产品并不是他们所建造的,而是由公共资金资助的,其中有些资金还是借来的。因此,期望这一代人做出贡献,以偿还为他们所享受的公共产品提供资金而产生的债务,这种做法是公平的。只有极端的自由主义者才会忽视这一点,声称在签订债务合同时没有征求子孙后代的同意。

然而,莫迪政府将财政整顿放在至高的位置,可能并不是从公共财政的角度来考虑的。如果我们要寻找其背后的经济推理,那可能是由于一个稳定的宏观经济环境是经济增长的必要条件。这一观点隐含在"华盛顿共识"中,而对其最明确的阐释是曾在国际货币基金组织担任首席经济学家的斯坦利·费希尔(Stanley Fischer)。他在一篇被广泛引用的文章中写道:"现在人们普遍认为,要获得可持续的经济增长,一个稳定的宏观经济框架是必要的,但这还不够。"[1] 费希尔所说的"稳定的宏观经济框架"是什

---

[1] 参见费希尔(1993),第485页。

么意思，可以从以下摘录中看出：

> 稳定的宏观经济框架是指一个有利于增长的宏观经济政策环境。在通货膨胀率低且可预测、实际利率适宜、财政政策稳定且可持续、实际汇率有竞争力且可预测、国际收支状况被认为可以维持下去的情况下，宏观经济框架就可以被称作稳定。①

费希尔认识到定义和衡量宏观经济框架的稳定性之间存在"实际困难"，于是确定了对宏观经济政策来说最重要的指标。他说："我将使用通货膨胀率作为衡量宏观经济政策对促进增长的最佳单一指标，而预算盈余则是第二个基本指标。"②

虽然杰特利的职业是律师，不像以前几位印度财政部部长那样是学者，但他的公开声明和具体行动表明，作为财政部部长，他的行动主要受到一种将宏观经济稳定视作实现增长的某种保证的方法的指导。然而，虽然他完全遵守了预先设定的赤字目标，但通货膨胀率却没有得到控制。为了控制通货膨胀，杰特利建立了一个具体的机制。2015 年，莫迪政府通过了 1934 年《印度储备银行法》(Reserve Bank of India Act) 修正案，将控制通货膨胀作为印度货币政策的主要目标。虽然在殖民政府时期，印度储备银行并没有完全考虑印度的利益，但在独立后，印度储备银

---

① 费希尔（1993），第 487 页。
② 出处同上。

行采用的是"多个指标"的管理模式,允许关注除通货膨胀以外的其他变量,例如汇率和产出增长。上述修正案通过后,印度储备银行需要达到目标的通胀率,仅在实际操作中留有一些回旋余地。通过这一举措,该机构转变为一个以控制通货膨胀为目标的央行,与当时世界上诸多央行的目标一致。然而,必须指出的是,即使在今天,世界上所有的央行也不都是完全追求这一单一的目标。例如,美国的中央银行美联储的任务是"最大限度促进就业"。[①]

如果我们要推测莫迪政府的经济方针,那就是通过财政整顿和控制通胀来追求宏观经济稳定。通过收缩公共支出来实现财政整顿,这符合莫迪在 2014 年竞选时宣布的"最小政府"的口号。不过,将控制通胀作为政府的核心目标并非一劳永逸。在通胀实际上是由增长引发的情况下,优先控制通胀就意味着降低对增长的关注。

有趣的是,莫迪政府宏观经济政策的两大支柱,即控制通胀和财政整顿,与世界经济思想的发展并不一致。自 2008 年全球金融危机以来,人们对宏观经济政策的原则进行了大量反思。全球经济机构中最重要的流派在圈子内提出的问题是:"是否所有神圣而不可置疑的法则都失效了?"[②] 毕竟,至少在西半球,全球金融危机之前的这段时间是一个低通胀的时期,被称为"大缓和期"。美国是经济危机的中心,从历史标准来看,其财政赤字也

---

① 参见美联储官方网站,2021 年 10 月 27 日访问。
② 参见德米尔居奇-昆特(Demirguc-Kunt)和塞尔文(Serven)。

不是特别大。然而，危机是在美国爆发的。在金融危机之后，很明显，像费希尔在20世纪90年代建议的那样，以财政赤字的规模和通胀率来定义宏观经济的稳定性是一种简单化的做法。正是在那些强调宏观经济稳定性的专家的眼皮底下，酝酿了一场始料未及的金融危机。

在全球范围内，接踵而来的是开始对过去20年宏观经济常识的集中反思。在美国，人们通常认为财政赤字是无效的，甚至是有害的，但美国使用的财政赤字突破了半个世纪以来前所未有的规模。人们普遍认为，此举遏制了危机的势头，避免了经济萧条。此外，美国还积极使用货币政策，试图将长期利率保持在低水平。公众的货币供应量从十亿级别增长到万亿级别，但通胀并没有加速，这与货币主义者的预测一致。此前美国和欧洲的决策者奉为圭臬的新古典主义宏观经济学（The New Classical Macroeconomics）黯然失色，至少在政策领域是如此。

这一思想变化在全球范围内发生后，印度的莫迪政府才开始采用这个被摒弃的宏观经济学派的主要建议。这反映了一种意识形态，而不是基于证据的经济管理方法。我们将其理解为政府经济管理的核心是正确的，这可以从以下几点得到确认。在莫迪政府第一个任期临近结束时，其最善于表达的发言人[1]曾因恢复宏观经济稳定受到褒扬。官方的《经济调查报告》此前也尽其所能地强调了这一主题。在回顾政府就职第二年的表现时，报告称印

---

[1] 指杰特利。——译者注

度"表现突出,是宏观经济稳定的避风港"。① 第二年的调查报告赞扬政府通过经济管理实现了"强有力的宏观经济稳定"。② 有趣的是,这份报告是在 2016 年 11 月废除大额纸币之后不到一个季度内写的。实行"废钞令"之后,银行出现混乱,经济活动停滞不前——我会在后面讨论这些问题——这些现象已经印在公众的脑海中。看来,"稳定"一词还有这种用法!

政绩

在评价莫迪政府的政绩时,首先应该看宏观经济稳定性的指标,因为这是其公开宣称的目标。按照费希尔的思路,我研究了预算赤字和通货膨胀的变化,如表 4.1 所示。毫无疑问,自 2014 年以来,财政赤字在大多数时候比以前低。而通货膨胀呢?莫迪当政的这几年,通货膨胀率明显降低。因此,根据这两项指标,可以说,正如政府所声称的那样,宏观经济稳定性得到了提高。然而,这并不是莫迪政府所独有的成就。因为我们可以从同一张表中的数据看到,正如《财政责任与预算管理法》所规定的,早在 2014 年之前财政赤字和通货膨胀率就开始降低了。事实上,在莫迪第一次就任时,财政赤字已经从 2009—2010 年的峰值下降了近三分之一,如果降幅再低一点,就能达到占国内生产总值 3% 的目标数字。此外,在承诺进行财政整顿之后,政府的决心

---

① 参见《经济调查报告》(2016),第二卷,第 21 页。
② 参见《经济调查报告》(2017),第 17 页。

似乎很快就动摇了。2017—2018 年，财政整顿停止了；2018—2019 年，为了向农民提供直接转移支付，财政赤字的目标被突破，此举恰好发生在即将举行大选之前。

现在让我们看看自 2014—2015 年以来所记录的通胀率下降情况。同样，虽然通胀率自 2014 年以来有所下降，但由于其在 2009—2010 年达到峰值，它的下降也始于更早的时候。这与财政赤字的情况不同。鉴于在 2014 年之前，为了符合占国内生产总值 3% 的上限，财政赤字已经进行了相当大的调整，更高的下降率其实是不必要的，因此在莫迪政府上台后，通胀率确实下降得更快。关于政府对这一结果起到了什么样的作用，关键在于，自 2016 年以来，货币政策已成为"以控制通胀为目标"的同义词，那么通胀率的下降是否是因为货币政策呢？

表面上来看的确如此。虽然控制通胀是从 2016 年开始被确立为印度货币政策的核心的，但自 2013 年以来，当印度储备银行处在一个致力于低通胀的政府领导下时，它实际上就已经是一个以控制通胀为目标的央行了。然而，关于通胀的分类数据让我们有理由相信，就通胀率下降而言，外部因素可能比货币政策更为重要。从 2014—2015 年开始，食品价格的通胀率急剧下降。此外，石油价格实际上也有所下降。[①] 印度近 80% 的石油消费是进口的，这意味着这种商品的价格是由外部决定的。石油价格的变化当然会影响通胀率，但这不是货币政策所能控制的。至于食

---

① 关于证据，参见巴拉克里希南和帕拉梅斯瓦兰（2021）。

表 4.1 印度 2014 年以来的财政赤字和通胀率

	2009—2010 年	2013—2014 年	2014—2015 年	2015—2016 年	2016—2017 年	2017—2018 年	2018—2019 年	2019—2020 年
财政赤字占国内生产总值的比例（%）	6.6	4.4	4.1	3.9	3.5	3.5	3.4	4.6
通胀率（%）	13.5	9.5	5.8	4.9	4.5	3.6	3.4	4.8

来源：财政赤字数据来自财政部多份《预算概览》（Budget at a Glance）；通货膨胀（CPI）数据来自印度储备银行多份《印度经济统计手册》（Handbook of Statistics on the Indian Economy）。

品价格，货币政策确实可以对其产生影响，但只能通过控制产出增长的方式间接影响。因此，在这一阶段，如果货币政策影响了食品价格通胀，那么它只能通过降低产出增长率来实现，而这一举措将挤压消费者的需求。

一项研究通过计量经济学调查了将印度通胀情况描述得最好的通胀模型，该研究最终确认，印度的通货膨胀过程完全取决于农产品价格和石油价格的表现，而这两者都不在央行的职权范围内。① 这项研究还进一步确认，印度央行用来证明以控制通胀为目标具有合理性的模型不能解释印度近来的通胀。因此，我们有理由相信，就控制通胀而言，货币政策不太可能起到作用，莫迪政府只是受益于它无法控制的外部因素。然而，莫迪政府之所以没有刺激通胀，可能是其在提高农产品采购价格时，力度没有前任政府那么大。

所以，莫迪政府确实保持了一个稳定的宏观经济环境，但我们要问，通过此举，其既定目标取得了哪些成果？很自然地，这应该从经济增长说起。虽然莫迪承诺了增加就业，但正如我已经提到的，很难想象在没有产出增长的情况下，就业如何增长。印度自2014年以来的增长轨迹可以在图4.1中看到。

我们看到，在2014年之前增长已经在加速，而且是相当强劲的加速。直到2016—2017年，增长还在继续加速，尽管速度在下降。从那以后，增长放缓，有时放缓的速度还会加快。很明显，莫迪政府对宏观经济稳定的追求并没有对增长率产生有利影

---

① 关于证据，参见巴拉克里希南和帕拉梅斯瓦兰（2021）。

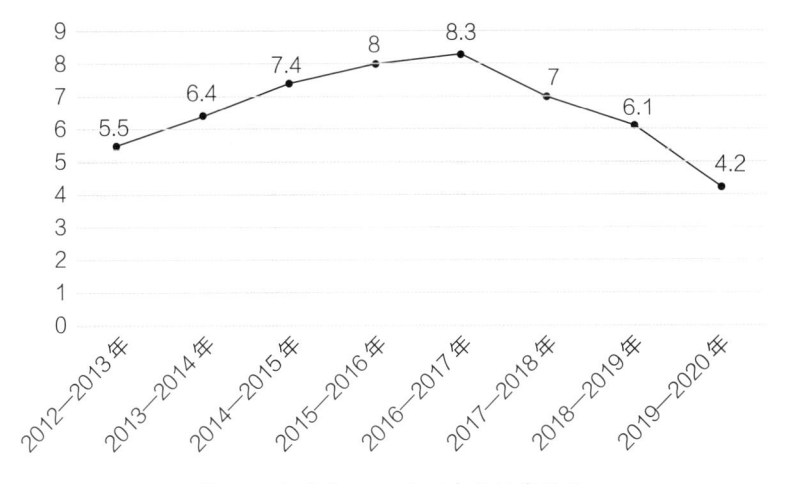

图 4.1 印度自 2014 年以来的经济增长

注：数字为年增长率（%）。
来源：作者根据印度统计和计划执行部公布的国内生产总值数据计算得出。

响。与我们在上一章中提到的 2003—2008 年所取得的高增长相比，莫迪政府执政期内的增长率并没有提高。正如图 1.1 所示，对各增长阶段的计量经济学估算也证实了这一点。

我们可以看到，实现宏观经济的稳定并不能保证经济复苏。从 2017—2018 年开始，印度经济增长持续放缓。到 2019—2020 年，它已经下降到远低于上一届政府所遗留增长率的水平。这种减速本身不能归咎于宏观经济环境的恶化。从表 4.1 可以看出，随着经济放缓，预算赤字和通胀指标实际上有所反弹。

那么，是什么导致了经济下滑呢？一切都指向 2016—2017 年中期废除大额纸币带来的直接影响，经济增速从废钞的第二年就开始放缓。我现在先讨论就业问题，后面再回来讨论废除大额纸币的后果。在对这个问题发表意见时，我并没有十足的把握，因为我们只能依靠零散而不连续的数据。然而，我们必须继续下去，我已经利用所能得到的数据这样做了。图 4.2 显示了过去 10 年间的失业率，时间始于 2014 年之前能得到数据的第一年。

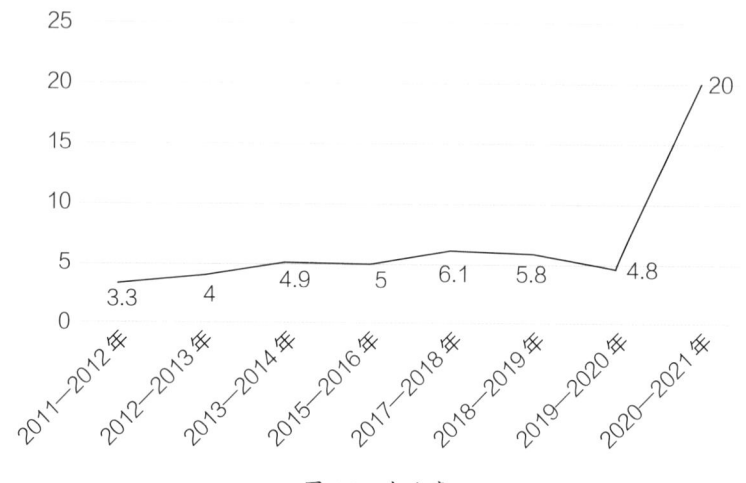

图 4.2 失业率

注：2020—2021 年的数据在 4—6 月只包括城市失业率，其余年份的数据则包括所有经济部门的比率（%）。
来源：2011—2012 年的数据来自国家抽样调查办公室（NSS, 2014），其余数据来自《定期劳动力统计调查年度报告》（PLFS, 各期）。

数据表明，在莫迪政府任期的大部分时间里，失业率一直高于这 10 年的前半段时期。因此，莫迪政府在改善印度失业状况方面成效甚微，这与其在 2014 年选举期间的承诺背道而驰。2020—2021 年，由于新冠疫情初期的封锁，失业率急剧上升，这已被排除在该项评估之外。

图4.2显示，失业率从2017—2018年开始温和地下降，当我们把它与经济增长数据放在一起考虑时，会感到惊讶。因为我们知道，从2017—2018年开始，在废除大额纸币后，经济增长率就已经开始下降，而在增长率下降的情况下保证失业率同时下降是很难做到的。但有一个合理的解释，那就是我们自己经济的特色。我们从最近的历史中知道，印度的劳动力参与率是波动的。失业率下降的原因可能是劳动力参与率下降，因为受挫的劳动力不再寻找工作，完全退出了劳动力市场。在废除大额纸币后，经济增长放缓，新进入劳动力市场的人发现很难找到工作，这种情况就顺理成章地发生了。

抱有疑虑的投资者

莫迪政府最初的一些声明表明，它渴望果断地摆脱由国家驱动的经济发展模式，这在其口号"最小政府"中表露无遗。如果要实现这一目标，私营部门今后必须发挥主导作用。莫迪在担任古吉拉特邦首席部长时，曾享有"商业友好"的美誉。尽管人们可能会质疑，友好的对象是否只是代表"大买卖"的企业领导人，那时候，他们都一窝蜂地涌向"活力古吉拉特"商业峰会。莫迪一到达德里便强调，他的政府将提升在印度营商的便利性。这本身是一个值得追求的目标，任何熟悉印度监管机构工作的人都会同意这一点。

鉴于莫迪政府自称商业友好，看看私营部门如何回应是很有意思的。我把重点放在私营部门的资本形成上。正如罗德里克和苏布拉马尼亚安（2005）所表明的，如果政府方面的态度转变对私营部门的活动很重要，那么在莫迪就任总理后，可以预见私人投资会对印度经济有强烈的反应。

表4.2所显示的从2013—2014年开始的资本形成数据并不能为莫迪政府增色。请注意，以国内生产总值为衡量标准的资本形成，已经低于2013—2014年的水平，也就是其执政的前一年。从分类来看，我们发现，公共部门的资本形成保持不变，正是私人资本形成的下降拉低了总量。此外，按企业和家庭部门的资本形成进行的分类显示，前者在2014年后出现了决定性的下降。

这里有必要指出，上一次资本形成的高峰是在2011—2012年。[1] 因此，资本形成的下降是莫迪政府所继承的经济趋势，然而，它没有成功地阻止这种下降。事实上，自2014年以来，是公共资本形成撑起了投资率，世界银行等多边机构也承认了这一点，后者通过贷款活动与印度产生了利益关联。

观察到资本形成自2014年以来没有回升，我们就不难理解为什么也没有出现增长了。在广泛使用的索洛增长模型（Solow model of growth）中，增长是一个关于投资率和外生技术进步率的函数。由于2014年之后，印度的投资率是基本停滞的，因此不可能预期增长率会上升。现在的问题是：为什么投资率没有回升？

再次回到这一点：私人投资没有上升。这意味着，莫迪政府苦苦追求的宏观经济稳定并没有使投资得以恢复。这并不令人惊讶。正如我们已经指出的，声称宏观经济稳定对经济增长具有重

---

[1] 参见巴拉克里希南（2019）。

表 4.2 固定资本形成总额

	2013—2014 年	2014—2015 年	2015—2016 年	2016—2017 年	2017—2018 年	2018—2019 年	2019—2020 年
公共部门占国内生产总值比率(%)	7.3	7.3	8.0	7.6	7.3	7.6	7.7
私营部门占国内生产总值比率(%)	25.3	23.9	22.7	23.2	23.7	24.3	24.8
企业占国内生产总值比率(%)	12.6	11.5	12.7	12.0	11.3	11.4	11.9
家庭部门占国内生产总值比率(%)	12.6	12.3	10.0	11.2	12.4	12.9	12.9
固定资本形成总额占国内生产总值比率(%)	32.6	31.1	30.7	30.8	31.0	31.9	32.5

来源：作者根据国家统计办公室（National Statistical Office）定期在线发布的《国民收入、消费支出、储蓄和资本形成的估算》（Estimates of National Income, Consumption Expenditure, Saving and Capital Formation）计算得出。

要性并非基于经济理论，而是基于从跨国数据中得出的一些经济联系。采用这种方法存在因果关系方面的问题，还需要解决异常值的问题。异常值会显示，个别国家的特征对增长很重要，但我们毕竟不会期望印度和越南在经济运行上完全相同。我对宏观经济环境在推动私人投资方面的因果作用持怀疑态度，所以我研究了当时的供求状况。

融资是投资供给方的一个因素，而商业银行的信贷是融资的重要来源。早在莫迪政府执政之前，商业银行的不良资产就一直在增加，但2015年之后出现了明显的恶化趋势。由于商业银行已经向基础设施项目提供了贷款，其不愿意再放贷。公共部门银行受不良贷款的困扰最深，这使其高管十分警惕外部风险，束手束脚，也不愿意再放贷。银行不良资产的另一方面是那些拿到银行贷款的企业的资产负债表。这些企业的目标现在变成了去杠杆化而不是投资。因此，新出现的激励结构既不利于银行放贷，也不利于企业投资。这种"双生资产负债表"直接影响了经济中的资本形成，很可能导致了从2011—2012年开始的投资下降，而这一趋势尚未得到逆转。

即使存在供给限制，例如能否获得信贷，我们仍然要问，莫迪是否为私人投资创造了环境。要回答这个问题，就要在一定程度上求助于经济理论。凯恩斯在《就业、利息和货币通论》（*General Theory*）中对推动投资的因素进行了细致精微的论述，指出了"长期预期"的作用。[1] 对凯恩斯来说，这些在对未来一

---

[1] 参见凯恩斯（1936）。

无所知的情况下形成的预期，是由动物精神而非经济计算所驱动的，这使得经济学家很难完全确定是什么在驱动投资。但在凯恩斯之后，经济学家们已经认识到"滞后性"的存在，即目前经济活动的状态可以持续存在，这可能会导致经济在受到冲击后不会恢复到之前的状态。就投资而言，滞后性意味着，如果经济活动的主体认识到这种可能性，他们就有可能在形成对未来经济状况的预期时，将目前的资本形成状况考虑进去。事实上，他们这样做是理性的。

一旦理解了影响预期的因素，我们就可能看到，莫迪所继承的经济状况和他的意识形态倾向都影响了政府的经济政策，私人投资者被要求赞赏政治和宏观经济上的稳定性，实际上却可能对其不为所动。

首先，我们来看看当时的经济状况是怎么样的。经济繁荣在2008年就已经结束，印度经济在慕克吉的刺激政策下勉力支撑，但不可能持续下去。公共投资的增长早已结束，农业增长也变得不稳定。事实上，在莫迪担任总理的前两年，农业增长几近为零。最后，随着全球金融危机爆发和接踵而至的世界经济放缓，出口的前景变得不确定。所有这些都导致了外部需求驱动放缓，投资者不可能视若无睹，如果可以预见滞后性的发生，那么这种情况不可能很快恢复过来。此外，"最小政府"的意识形态口号可能会搁置公共投资，投资者不一定对此感到欢欣鼓舞，因为公共投资有可能挤占私人投资。因此，根据2014年的情况，印度的投资者对未来经济的预期并不乐观，那么他们就会保持理性，除非某些外部因素变得有利，或者政府果断采取行动，为经济注入活力。

当政府看到私人投资下降时，它可以撬动的一个杠杆就是加强公共投资。从表 4.2 中可以看出，政府在执政的前 6 年里坚决拒绝这样做。只有意识形态上的盲目性，以及认为不值得从历史中吸取教训的傲慢，才能解释这种不作为。从历史上看，印度经济增长以及下行的每一个转折点都与公共投资率的显著变化有关。如图 1.1 所示，这包括 20 世纪 50 年代、20 世纪 70 年代末和 21 世纪初的增长加速，以及 20 世纪 60 年代中期和 2008 年全球金融危机的衰退。① 出于意识形态考虑的观点认为，公共投资挤占了私营部门的空间。事实上，我在上面提到的三个增长加速的时段，都是公共投资大量出现的同时，也伴随着私人投资的蓬勃发展。这表明，印度公共和私人资本形成之间的关系是相辅相成而不是此消彼长。固守某种观念的经济学家和政治家总是反感政府在资本形成中发挥作用，我们将看到，这一点对资本家的影响并不大。

两项倡议

莫迪政府在其第一个任期内，曾声称就改革的潜力而言，有三项改革措施尤其具有变革性。按照时间顺序分别是："印度制

---

① 有趣的是，为应对全球金融危机而出台、持续了两年时间的慕克吉刺激政策是非常有力的，但即便如此，它也只是为了促进消费而不属于政府的资本投资，这也解释了其为何昙花一现。

造",废除大额纸币和引入商品及服务税(GST)。其中最后一项是在2017年实施的,由联合进步联盟发起。但在其任期内,由于印度人民党领导的反对派的盲目反对,这项举措未能取得成效。印度人民党一重新执政,就迅速抓住机会,大张旗鼓地推出了这项举措。由于这项工作仍在进行,规则还在不断变化,我不会讨论它,只是提一下,至少到目前为止,印度人民党在未能充分说明原因的基础上所提出的说法,即这一举措将为政府带来大量收入并刺激经济增长,并没有取得特别清晰可见的效果。有关经济增长的证据我已经介绍过了,关于税收的证据如下。自2017年以来,间接税收占国内生产总值的比重逐年减少,而这一项在此前的10年中是逐年增加的,在这10年里大约增加了25%。[1]最后,有独立经济学家称,2017年推出的商品及服务税增加了所需的合规工作,并在税收执法的名义下产生了新的"检查员统治"[2],结果便是扼杀了小型生产企业。[3]这一点无法从宏观数据中确定,但初步看来也不能排除,因为我们发现,从第二年开始,制造业的产出就大大放缓了。[4]

---

[1] 参见印度财政部(2021)。
[2] 印度的工业法律制度以政府对工业单位的过度监管为特征,这被称为"检查员统治",这一特征在20世纪90年代改革之前尤为明显。——译者注
[3] 参见辛格(2022)。
[4] 参见表4.4。

"印度制造"

"印度制造"以制造业生产为目标，目的是将其在国内生产总值中的份额提高到25%。在这一点上，它与联合进步联盟成立国家制造业委员会（National Manufacturing Council）时的目标几乎相同。2004年，联合进步联盟在其第一个任期内成立了该委员会，提供了一个由政府、产业和学术界代表组成的论坛，促使各方进行政策对话，以激发并维持制造业的增长。不过，"印度制造"计划与之相比有两个不同之处。第一个区别是，后者并未设想一个交换意见的论坛，让这一安排发挥潜能，为政策制定建言献策。在必要的时候，政策的外部评估对于纠偏是必不可少的，如果评估仅限于由执政党的政治家和官僚组成的委员会，纠偏的需求就有可能会被忽略。

第二个区别是，通过"印度制造"，莫迪似乎是在向外国的跨国公司发出邀请，其言外之意是"你们可以在任何地方销售，但应该在印度制造"。同样，正如前一章所述，鉴于制造业在创造就业方面的潜力，将印度变成全球制造业中心的目标是令人向往的。在某种程度上，强调"制造"是对1991年改革潜在预设的改进，当时的改革似乎忽视了鼓励生产的必要性，认为全面改革政策制度就足以刺激生产。总理钟情于宣传"印度制造"，这体现在他于2014年上任后不久，在纽约参加联合国大会年度会议时，公开会见了一些世界领先的跨国公司的首席执行官。那次会见给人留下的最深印象是，"印度制造"是针对外国公司的一种推销，而不是专注于印度的生产，为印度和外国的生产商创造一个生态系统。我之前讨论过为何1991年改革对制造业产生的影响令人失望,我曾指出官僚主义的障碍和基础设施的匮乏是制约印度制造业发展的难题。然而,"印度制造"并没有重点关注这些问题,尽管莫迪政府应该有足够的时间来观察这段历史。

向跨国公司发出的"投资印度"的呼吁并非全都没有得到响应。在莫迪政府执政的第一年,外国直接投资就激增了50%以上,此后一直保持高位。表4.3列出了外国直接投资流入的数据。

到2019—2020年,外国直接投资接近2013—2014年规模的2.5倍。这相当引人瞩目,而且很可能反映了人们对莫迪的领导力,以及其将追求宏观经济稳定作为经济政策核心的信心。然而,在2003—2008年的繁荣时期,外国直接投资净流入量要大得多。[①] 不太为人所知的是,外国直接投资也开始大量流出印度。

表4.3 外国直接投资

年份	外国直接投资净流入量(千万卢比)
2013—2014年	129969

---

① 参见印度储备银行(2016)数据。近年来,印度的一场辩论显示,一些经济学家指出,政府一直在将投资组合资本加到外国直接投资中,以夸大资本流入的数字,显示其政策取得了成功。他们的论点是,投资组合资本并不直接增加固定资本的形成,因此不应该算在外国直接投资的范围内。

续表

年份	外国直接投资净流入量（千万卢比）
2014—2015 年	191219
2015—2016 年	235782
2016—2017 年	238913
2017—2018 年	195052
2018—2019 年	214036
2019—2020 年	304820

来源：印度储备银行各期《统计数据手册》（*Handbook of Statistics*）。

我们已经看到，"印度制造"倡议在吸引外国直接投资方面取得了相当大的成功。让我们来看看2014年之后的制造业生产记录，该部门的增长数据见表4.4。

表4.4　印度制造业和农业增长情况

年份	制造业	农业
2012—2013 年	5.5	0.2
2013—2014 年	5	5.4
2014—2015 年	7.9	-3.7
2015—2016 年	13.1	-2.9
2016—2017 年	7.9	5.3
2017—2018 年	7.5	5.4
2018—2019 年	5.3	-1.6

续表

年份	制造业	农业
2019—2020年	-2.4	4

注：数字为年增长率（%）。农业数据主要是作物生产。
来源：国家统计办公室定期公布的各部门增加值估计数。

数据显示，制造业的增长在2014—2015年后有所恢复，并在莫迪政府的整个第一个任期内保持高位。然而，其增长率从2016—2017年开始下降，并且降幅不断扩大，到2019—2020年甚至出现了负增长。正如我们所知道的，2016—2017年废除了大额纸币，除此以外，很难将增长率的陡然下降归咎于任何其他原因。我们从同一张表中的农业数据可以看出，这一年的农业增长得特别快。在此期间，没有任何来自全球经济的冲击。我在其他地方指出过，从2016年11月开始，在该财年随后的每个月里，制造业产出的月度增长指数都低于前7个月中的任何月份。① 事实上，这里有一个逐步放缓的过程。废除大额纸币引发的现金短缺可能导致了供应和需求的同时下降。②

我们对"印度制造"倡议的评估是完全量化的。然而，制造

---

① 参见巴拉克里希南（2019）。
② 很难确定在印度的情况下，这两种力量中哪一种占主导地位，但这并不影响上述论点。两种力量中的任意一种，即较少的供应和较少的需求，都会导致生产减少，从而降低增长。印度废除大额纸币的举措也是宏观经济学中一个经典问题的证据来源，即货币是否影响产出，这一点参见罗默（Romer，2016）。这是一个罕见的经济学实验，而且似乎有力地证明了经济学家所说的货币的"实际效应"。

业的反应也应该从质量上进行评判，即商品的类型和内在质量。在提出"印度制造"之后，制造业在质量上的反应甚至无法与 1991 年后 20 年间消费品在种类和质量上取得的突破性提升相提并论。调查 2014 年后制造业生产中哪些部门增长得最快将会很有意思。

在上一章中，我已经确认，1991 年的改革是以制造业为重点，但 30 年后，制造业在经济中的份额一直保持不变。一位行业领导者对提高制造业份额所需的条件进行了精准的评估。在接受皮尤什·潘迪（Piyush Pandey, 2018）的采访时，西门子印度公司的负责人苏尼尔·马图尔（Sunil Mathur）说：

> 总理说过，他希望将制造业在国内生产总值中的份额从 15% 提高到 25%。目前国内生产总值是 20000 亿美元，15% 就是 3000 亿美元。假设在 7~8 年内，20000 亿美元以每年 7%~8% 的速度增长，就会变成 40000 亿美元。因此，40000 亿美元的 25% 就是 10000 亿美元。所以，用 10000 亿美元减去 3000 亿美元，也就是说，要通过制造业产出为国内生产总值增加 7000 亿美元。如果你必须创造出 7000 亿美元的产出，那么至少需要两倍数额的资本支出，大约是 15000 亿美元。这是我的计算，是否正确，我们可以辩论。但我的意思是，如果我们相信总理的愿景，我就没有理由不相信，制造业的机会规模应该达到 15000 亿美元。但钱在哪里？印度的银行有 100000 亿卢比的不良资产，大多数公司的资产负债表都捉襟见肘，没有钱用于投资。政府必须通过投资进行基

第四章　失去动能

础设施建设。如果没有基础设施，就不能指望国内生产总值以 8% 的速度增长。这毋庸置疑。你想要钢铁，想要水泥，想要电力。如果想获得这些，你就需要钢铁公司来投资，需要水泥公司来投资，需要彻底打破目前电力公司的格局。我们都知道，我们需要更好的输电线路，我们需要让发电更有效率。大家都知道，3 万 ~5 万兆瓦的电站会在 30 年内寿终正寝。但是你拿什么取代它们？不可能只靠可再生能源吧。你需要新的发电厂。这是一个整体的、需要进行体系化设计的资本支出。因此，只有集中基础设施建设，以此推动工业发展，才能达到 8% 以上的增长。

马图尔阐述了提高制造业份额所需的举措，正确表明了投资的需求和预期投资的来源。道路网络和电力等形式的基础设施需要很长的酝酿期和有耐心的资本，而私营部门可能不愿意投资。正是由于这个原因，放眼全球，基础设施大多是由国家建设的，即使在市场经济国家中也是如此，这方面最好的例子是美国的联邦公路系统和中国的铁路。除了在不确定的情况下进行大型投资的相关问题，在印度还有一个被称作"政治定价"的现实问题，即各个政党鼓励公民对以什么样的价格获得服务抱着一种理所应当的态度。这给私人投资者带来了额外的不确定性因素，他们需要确保他们的账单能够被支付。然而，马图尔提出的主要观点是，将印度制造业在国内生产总值中的份额从目前的 16% 提高到 25%，需要非常高的资本支出。在"印度制造"计划中，这一条件似乎被忽视了。可能有人会说，这并不完全是事实，因为总理为吸引外国直接投资做了实实在在的宣传,而且确实成功地吸引了大量的外国直接投资。然而,外国直接投资几乎完全是私人性质的,由于我已经阐述过的原因,不太可能流向有形的基础设施建设。而且,在任何情况下,它都只是经济中资本形成总额的一小部分。① 印度任何重大的制造业转型必须伴随着资本形成,"印度制造"倡议却没有考虑到这一点,这使得它在概念上显得有些幼稚。②

关于"印度制造",还有两点需要说明。首先,它似乎过于关注跨国公司,而制造业的很大一部分是由中小型企业组成的。在讨论制造业对1991年改革的反应时,我曾提出过一个观点,那就是他们似乎没有充分考虑监管制度和进行高效生产所需的基

---

① 2019—2020年的国民收入统计数据显示,国外直接投资占经济中资本形成总额的5%。指望外国直接投资在数额上引领印度制造业的转型是不现实的,但它可以在改造制造业技术密集型生产线、提高产品质量和引进全球最佳管理实践方面发挥关键作用,这些都有助于提高生产力。
② 但可以想象的是,这种缺席是由意识形态驱动的。想想"最小政府"这个口号吧。苏联解体后,西方世界也充斥着对公共投资的意识形态做法。20世纪90年代中期,作为世界银行负责乌克兰事务的国别经济学家,我十分震惊地听到,经济学家们要求对东欧剧变后的重建计划进行调整,他们认为重建计划不应涉及公共投资,因为所有的增长都必须来自(全要素)生产力的增长。

础设施。① 可以说，从担任古吉拉特邦首席部长的漫长任期开始，莫迪对印度小企业家的关注就不及对大资本家的关注。只有将这部分人纳入政府的工作范围，才能实现印度制造业的量化转型。

我的第二个观点如下。虽然莫迪已经正确地强调了生产的重要性，但可以肯定的是，经济不仅仅包括制造业。表4.4将农业数据与制造业数据并列，正是为了说明这一点。请注意，在莫迪政府的第一个任期内，作物农业在大多数年份都出现了萎缩。尽管莫迪政府有让农民收入翻倍的承诺，但其并没有出台任何政策来解决这个问题。印度的农业部门在产出方面基本上与制造业持平，但它所养活的人口却远远超过后者。直到新冠疫情期间，议会才匆匆通过《农业法》(Farm Laws)。除此以外，农业并没有像制造业那样受瞩目，也没有得到它本身应得的关注。

---

① 以下媒体报道颇有启发："金奈蒂鲁马齐赛（Tirumazhisai）工业园区的秘书查克拉帕尼（R.G. Chakrapani）说，一直以来，园区里都会不定期地断电，电力质量也很差。他指出那里没有变电站，没有良好的道路，也没有有效的暴雨排水系统和足够的污水处理厂。哥印拜陀（Coimbatore）、蒂鲁吉（Tiruchi）和马杜赖（Madurai）的许多中小微企业都说，技能培训并没有真正对该部门有所帮助。他们说，即使是现在，也存在着严重的劳动力短缺问题。哥印拜陀地区小工业协会主席拉梅什·巴布（M.V. Ramesh Babu）说，为公共事业单位或政府部门提供服务的订单，本应该在一个月或45天内向他们付款。该行业的小企业说，银行从来没有为他们考虑过，而且大多数中央计划都没有惠及他们。"见《中小微企业部门提出的基础设施问题》(MSME Sector Flags Infra Issues)，《印度教徒报》，2021年3月20日。

废除大额纸币

毋庸置疑，2016年废除大额纸币的举措应该算是莫迪政府迄今为止最富戏剧性的经济政策。2016年11月8日晚，在突然宣布这项政策后，人们一直在疯狂购物，直到午夜，特别是在高档商场。这表明，一些人从不明不白的经济活动中囤积了大量现金，想趁着它还是法定货币的时候将其抛出。第二天早上，人们涌入银行，用已被废除的纸币兑换新币，并将现金存入储蓄账户。这样的体验并不愉快。报纸的报道讲到了漫长的等待、混战，柜员在兑换被废除的纸币时假公济私，以及银行的新纸币消耗殆尽。包括财政主管机构在内的政府部门显然对其行动的后果毫无准备。然而，这些看得见的动荡并没有反映出经济所面临的迫在眉睫的极端不确定性。为了表达这种感觉，我引用一篇我在这件事发生后不久所写的文章。[①]

> 11月8日晚餐时分，总理莫迪宣布，流通中的面额为500卢比和1000卢比的纸币在午夜后将不再是法定货币。如果注意到这些面额的纸币占当时货币总量的86%，我们就能理解其数量上的重要性。在印度，这一举措被称为"废钞令"，是政府公共政策工具箱中的一个标准工具。然而，一项得到法律批准的政策并不意味着它在特定情况下是必要的。总理在全印广播电台讲话中宣布的废钞政策，并没有包

---

① 参见巴拉克里希南（2016）。

含特别令人信服的、能够说明为什么要在眼下实施这一政策的经济理由。但他确实提到了这是一种"净化"经济的行为,并称这将遏制腐败的增长。

废钞令使特定的货币非法化,即便只是某些面额的货币,也会使以这种形式持有的财富消失殆尽。然而,我们在印度看到的是一个不太极端的案例。在这个案例中,持有500卢比或1000卢比纸币的人在规定的期限内,可以兑换新币或将其存入银行账户,这不会消灭财富。由于银行交易会产生记录,税务人员可能就会注意到这些囤积的财富,所以现有的黑钱不能用来重新兑换新币。在这个意义上,该计划是巧妙的。当然,我们不能假设银行里的存款一定会向所得税当局申报,但它可以接受审查,而过去钱藏在床垫底下时是无法被审查的。

我们可以用什么样的理由来欢迎这种举措呢?首先,为避税而隐瞒收入是一种犯罪行为。因此,在我们这样的宪政民主国家里,隐瞒收入的人应该受到惩罚。其次,为了逃避法律制裁,那些拥有不明财富的人开始贿赂他人,包括国家代表,这会进一步造成体制化犯罪。如果说民主是一种实现公众意愿的方式,那么政府体制的犯罪就与这一理念背道而驰。因此,必须根除逃税的做法。在这个意义上,政府的这一举措可能会受到欢迎。

但是,在对逃税者施以惩罚以防止未来产生不明财富方面,废钞令能引起多大作用呢?这一政策措施的效果取决于不明财富或"黑钱"在多大程度上是以特定面值的纸币的形式存在的。当然，为了方便起见，我们可以推测，这些财富中没有多少是以小额纸币的形式被持有的。不过，如果印度人的不明资金是以外国银行账户的形式持有的，那么目前的计划就拿它毫无办法。这些推测意味着，如果不明财富不是以500卢比或1000卢比纸币的形式持有的，那么废钞令就几乎毫无用处。此外还有另一个问题，那就是假币。如果有假币以500卢比或1000卢比纸币的形式流通，且持有者不愿意将其存入银行账户，那么废钞令也会使其消失。正如政府所声称的，假币会破坏印度联邦的稳定，消除流通中的假币可以提升国家安全。这也可以算作此举受欢迎的另一个原因。

我们现在来谈谈废钞令能否消除未来黑色经济的问题。很明显，废钞令本身并不能实现这一目标。要实现这一目标，我们需要一项从源头上禁绝黑色收入产生的政策。一个很好的判断是，印度许多的不明财富都是在与购买、出售黄金和房产相关的交易中产生的。这些资产的市场是高度集中的，相对较少的卖家控制着相当大的供应市场。市场的力量，再叠加房产和金饰在印度的文化意义，使得这些卖家能够坚持要求以现金支付，这让印度的许多普通人甚至只是为了能拥有一个家，就不得不成为犯罪活动的同伙。然而，由于房地产公司、建筑商和珠宝商的举动十分引人注目，并且他们的数量很少，因此法律的长臂更容易控制由他们产生的不明收入。不过，要做到这一点，仅靠税务机关的行动是不够的，还需要中央政府介入，通过立法规定，所有涉及黄金和房产的交易都必须通过银行进行。这意味着，要防止通过这些交易产生不明收入，废钞令并不是一项必要之举。

总结一下到目前为止的论点，我们不知道有多少不明囤积资金会因为这项举措而真正被转移到"地面"上，但可以肯定地说，这项举措中没有任何内容可以确保，未来所有的金融交易都是合法的。例如，如何确保未来产生的不明收入不会以新的500卢比和2000卢比纸币的形式被持有？此外，货币并不是持有不明收入的唯一方式。削减某些面额的货币存量并不能阻止未来产生不明资金流动。只有对容易产生这种收入的经济领域进行严格的交易监督，才可以实现这一结果。

这些理由甚至无法解释为什么要首先废除大额纸币。从历史上看，在发生恶性通货膨胀的时期，如魏玛德国时期，或有暴利未见申报的时期，如第二次世界大战期间的英国，都会使用废止货币的手段。但今天的印度没有类似的情况。近5年来，印度通货膨胀呈下降趋势，私营部门面临着资产负债表的压力。

最后，政府在9月30日刚刚结束了一项税收赦免计划。[①] 颁布废钞令时，那些此前不愿意坦白的人受到了严重的威胁。此举有逼出所有的黑钱吗？如果没有，我们是否可以理解为，逃税者将继续躲避税收管理，以致在未来的某个时候，我们必须再次使用废钞令这一手段？

---

① 该计划从2016年6月1日开始实施，持续到9月30日，未缴纳所得税及税收违约者在此期间可以通过申报资产、缴纳税款及罚金等方式来实现合规，申报者将免于受到起诉或审查。——译者注

> 我们很难避开这样的结论，即废除大额纸币有政治上的考虑。政府肯定知道，数据并未显示其在 2014 年 5 月所承诺的经济复苏迹象，而现在我们差不多正好处在其任期的一半。这一最新举措可能是一个绝望的信号，它表明了政府行动的决心，但不能保证其做出的承诺能够实现。

我引用这篇文章是为了传达废钞令所带来的不确定性，在宣布这一举措的时候，这种感觉就像晴天霹雳。让我吃惊的是，我那时没能预见到它会引发增长率的下降。在图 4.1 中我们看到，2017—2018 年的增速放缓，在实施废钞令后不到 5 个月内就发生了，并自此一直在放缓。在制造业这样生产决策具有连续性的经济部门，在废除大额纸币的那一年，增长率也大幅下降。事实上，此举导致制造业产出的增长率连续下降，一直持续到 2019—2020 年。①

不过，关于废钞令会消除腐败，我对此的怀疑似乎是有道理的。在废钞令宣布后的几天内，古吉拉特邦反贪局就抓到了根德拉港信托公司（Kandla Port Trust）公共部门的两名工作人员，他们因为一批货物的清关而索贿，这笔接近 30 万卢比的款项全部以新发行的 2000 卢比纸币支付。在整整 5 年之后，仍有数次关于选举前现金囤积遭到拦截的报道，最近一次是在喀拉拉邦。然

---

① 见表 4.4。同一表格中的农业增长数据显示，如果当年的农业产出没有反弹到它所达到的程度，那么其经济增长将放缓至 2016—2017 年的水平。

而，没有什么能与根布尔（Kanpur）一家香水制造商引发的轰动性事件相提并论，此人的房子里被发现藏有近20亿卢比的现金。[①]

这表明了两件事。第一，定期更换流通中的货币对于从源头上消除腐败没有什么作用，要消除腐败，必须将目标锁定在产生不明收入的环节上。对于后者，有必要重新设计政府机构和公民之间的互动过程，并对每次互动进行公开记录和独立监督。

这实行起来并不难，我们当下就可以提两个建议。首先，公民可以向政府指控任何由官僚机构提出的酬金要求以及试图贿赂其成员的行为。为了杜绝无根据或恶意的指控，投诉不应该以匿名形式进行，且应予以公开。其次，人们普遍认为，最大的不明收入发生在房产买卖的登记过程中，那么在交易完成后，所有交易的细节——包括双方的名字和买卖的价格——都必须输入相关公共机构的网页。在信息技术的带动能力下，这种透明度是很容易实现的。

公众监督的可能性，而不是所得税部门的内部审查，将改变黑钱产生的过程。如果一个不负责任的官僚机构被认定为完成交易而勒索钱财，那么政府还应该为遭受勒索的公民提供一些救助。如果莫迪政府认真对待消除腐败的问题，它必须着眼于公民与政府机构的互动，包括为所得税部门本身制订一个规划，从而避免在互动过程中产生黑钱。

---

① 显然，不管是废除大额纸币，还是随后引入的商品及服务税（其特点是将付款作为生产的一部分来进行追踪），都未能根除不明收入以及以现金形式持有的方式。

第二，关于选举资金的问题。总理已经提出了公共资金的想法，不过这一建议的道德基础尚有争议。在一个民主国家，我们不清楚是否应该要求公民为经常从事宗派竞选活动的政党买单。然而，对于改革现行做法有一个强有力的支持论点，即应该取消对竞选支出的限制，同时取消向政党匿名捐款的合法性。事实上，必须将政党纳入《知情权法》(Right to Information Act)的管辖范围。政党不是公共机构的说法站不住脚，因为它们是独特的私人实体，会通过未来的政府提出诉求。既然它们在上台后将监督国家的经济活动，公民就有权知道（甚至在它们上台之前）它们的财务交易。废钞令声称旨在消除不明收入，却对政党的资金来源只字不提，这种做法是不可信的。莫迪政府顽固地拒绝透露选举债券计划的资金来源，而众所周知，印度人民党是该计划的最大受益者。

由于文化上的原因，废除大额纸币在消除腐败方面的潜力也很有限。腐败之所以猖獗，是因为当局的监督和执法不力。但在致力于消除印度的腐败时，我们不能忽视社会规范的作用。腐败之所以存在，是因为它被社会所容忍。在印度，社会对个人自由的干涉是得到高度认可的。这种压制以宗教情感和文化传统为依据，却很少出于道德的理由。相比之下，积累非法财富并不令人蒙羞，行贿或受贿也没有道德禁令。贿赂被视作纯粹的交易行为，没有任何道德上的意义。忽视印度生活的这一方面是肤浅的。这也使得公民社会可以在消除印度的腐败方面发挥作用。

废除大额纸币的成果令人生疑，但一个确切的衡量指标是，近99%被废除的货币存量又回到了银行系统中。① 在公众了解到这一点之前——这意味着总理关于废钞令将对囤积的黑钱造成"外科手术式打击"的说法并没有兑现——政府改变了说辞。废除大额纸币被合理化地阐释为在经济中"减少现金"的举措,而不是直接针对腐败。此举推动了数字支付的基础设施建设。国际上有一批支持用电子货币取代现金的拥护者,其中最突出的是经济学家肯尼思·罗戈夫（Kenneth Rogof）。②

现在,虽然数字支付为个人提供了极大的便利,但像罗戈夫那样,将现金称为"诅咒",认为大额纸币将导致犯罪活动,这种观点仍然是有争议的。此外,通过立法剥夺使用现金所保护的隐私,并以电子货币取而代之的做法将削弱民主,因为此举将赋予国家对所有经济交易进行监控的权力,更不用说可以随意将其政治对手排除在支付系统之外。在对现金的讨伐中,有一种微弱的暗示,即现金在某种程度上是前现代的,是创造财富的障碍,这种说法也有待商榷。日本和瑞士是世界上最富有的国家之一,它们的现金与国内生产总值的比率历来很高。它们的犯罪率也比较低。

印度的废钞令受到了全球的关注。享有重要地位的经济学家拉里·萨默斯（Larry Summers）说,这一政策属于"几十年来世界货币政策最急剧的变化",它"不太可能带来持久的好处",导致了"混乱和对政府失去信任"。③

---

① 参见印度储备银行（2019）。
② 参见罗戈夫（2016）。
③ 参见萨默斯（2016）。

为什么莫迪经济学未能让经济加速

拥抱原教旨主义的宏观经济学

莫迪政府在其第一个任期内因加强宏观经济稳定性而大受褒扬,但其决策中也普遍存在着某种原教旨主义,尤其是在宏观经济政策方面。[①] 尽管莫迪将自己标榜为"私人投资助推者",其政策却在限制私人投资方面发挥了作用。当出台某些经济政策是基于意识形态而对其后果缺乏考虑时,就可以将决策过程描述为"原教旨主义的"(fundamentalist)。在目前的背景下,能够体现这种情况的一个例子是缩减政府支出与经济发展之间的关系。缩减政府支出是"最小政府"这一口号在财政上的对应之举。从表4.5的数据中我们可以看到,在2013—2014年之后的每一年里,中央公共支出占国内生产总值的比重都低于这一年。有趣的是,降幅最快的年份就是废除大额纸币之后的那几年。我们应该很容易理解为什么这是经济决策中一个原教旨主义的例子。废除大额纸币后,由于家庭会暂时受到现金限制,私人消费支出可能下降。同样地,私人投资也可能会因预期受挫而下降。私人支出本来就会下降,在这种情况下再减少公共支出,这无疑是宏观经济政策中原教旨主义的典型案例,反映出政策对总需求水平及其对产出和就业的影响缺乏关注。

[①] 有关宏观经济政策中原教旨主义的讨论,参见维克里(Vickrey)。

表4.5 紧缩的宏观经济政策表现

年份	公共支出占国内生产总值比率（%）	实际回购利率（%）
2012—2013年	14.2	-2.1
2013—2014年	13.9	-1.8
2014—2015年	13.4	2.0
2015—2016年	13.1	2.1
2016—2017年	13.4	1.8
2017—2018年	12.5	2.5
2018—2019年	12.2	2.9
2019—2020年	13.2	0.7

来源：中央政府财政支出数据来自网站，实际回购利率由作者计算得出，实际回购利率与消费者价格指数（通胀）间的差额，使用了印度储备银行的数据。

但原教旨主义在2014年以来执行货币政策的过程中，体现得最为明显。在莫迪政府执政的第一年里，实际回购利率转为正数，即使在通胀率下降了3.7%的情况下，实际回购利率仍然令人惊讶地上升了3.8%。① 实际利率上升所隐含的强硬态度很可能

---

① 参见表4.5。回购利率是印度储备银行对商业银行隔夜贷款收取的利率。关于通货膨胀的数据，参见表4.1。
作者在这里说的"回购"是为市场注入流动性的操作，而中国人民银行的回购交易分为正回购（收回流动性）和逆回购（注入流动性）两种，因此，作者所说的"回购"相当于中国语境中的"逆回购"。——译者注

是为了传递一种信号，体现央行官员的决心，而不是对通货膨胀率上升的反应。这种方法在废除大额纸币之后的几年里达到了顶峰。事实上，实际回购利率在这段时间达到了历史最高水平。人们不禁要问，印度的货币政策究竟是以通货膨胀为目标，还是以实际利率为目标？或者出于某种只有央行才知道的原因，故意保持它的高位？概括来说，在莫迪政府的第一个任期内，通货膨胀率大幅下降，而名义回购利率下降的幅度要小得多，这也证实了这一猜测。[①]

现在我们应该知道了，为什么2014年以来，宏观经济稳定作为经济的重要特征受到大肆吹捧，却没有带来稳定的增长，更不用说更高的增长了。这一时期奉行的是一种收缩性的宏观经济政策。财政政策要求缩减政府在经济中的支出，货币政策从历史标准来看收缩异常，我们可以想到，二者会减缓总需求的增长。而按照标准宏观经济学的原理，这两个杠杆本来应该以一种相互抵消的方式运行。例如，对于一个打算降低财政赤字（可能会缩减总需求）的政府来说，其方案应该是放宽货币政策，从而提高总需求。相反，在2014年以来的大部分时间里，宏观经济政策一直是双管齐下，抑制需求增长。因此，增长放缓、私人投资毫无起色，也就不足为奇了，因为宏观经济政策在各方面都是收缩性的。值得重申的是，在废除大额纸币之后，政府本已紧缩的立场变得更加强硬，这让莫迪政府的宏观经济政策令人费解。在这

[①] 关于这一时期名义回购利率和通货膨胀的同期变动情况，参见巴拉克里希南（2019）。

种情况下，经济失去动能是不可避免的。

宏观经济稳定性对私人投资的影响并不大，这是"华盛顿共识"的一个重要原则，莫迪政府的一揽子政策也对"华盛顿共识"表现出极大的热忱，但我们已经证明，这是值得怀疑的。然而，莫迪政府对"华盛顿共识"中的一项内容却表现得并不尊重，这就是建议"将支出转为有利于增长和有利于穷人的方式，从……非利润补贴转向基本医疗、教育和基础设施"。[①]

从表4.6中我们发现，2014年以来，卫生和教育在中央政府总支出中的份额有所下降，补贴的份额也是如此，而资本支出的份额保持稳定。[②] 不可回避的结论是，财政整顿并没有导致支出转向有利于增长和有利于穷人的方向，它只是让财政赤字在数量上减少，随之而来的是卫生和教育支出的减少。莫迪政府一直以减少公共支出和财政赤字为目标，却不关心这种政策是否会造成损害。

最后，在表4.6中列出每个项目占公共支出的份额，是为了让人们了解印度公共支出的结构。其中补贴支出是卫生和教育支出的1.5倍，占资本支出的四分之三。令人质疑的是，印度在补贴上的支出是否应该多于卫生和教育支出的总和？这些数据也反

---

① 参见威廉姆森（2004）。
② 请注意，"卫生和教育""资本支出"这两项并不是完全独立的，因为前者包含了卫生和教育方面的资本支出。然而，这两项可以与"补贴"一项进行比较，后者不包括资本支出。

映了公共部门的低效运作。① 虽然印度目前的公共支出结构在莫迪上台之前就已形成了，并且自 2014 年以来，补贴支出也有所降低（这是全球油价下跌导致的），但自 2003 年《财政责任与预算管理法》颁布以来的近 20 年里，公共支出没有发生结构性变化。该法案只关注财政整顿，即减少财政赤字，而不进行任何财政修正。莫迪政府对"华盛顿共识"中关于财政纪律的第一条指令表现得热情满满，却不承认其第二条指令。

经济学确实是一般意义上的社会科学，不能像实验科学那样推进。在实验科学中，我们可以模拟其他情况，但在经济学中不能这样做，必须依靠历史数据。2014 年以来的印度经济史是一个执行宏观经济政策的重要测试案例。在 20 世纪 80 年代，那时的多边机构要比现在强大得多，它们给发展中国家的建议大多是"把价格放在正确的位置"。这些建议尤其针对汇率的管理。这是很恰当的。你不希望汇率被高估，这可能是为了保护国内产业而造成的。但同时，你又确实希望有一个支持性的宏观经济环境。总需求对增长十分重要，因此，可以说，"把宏观经济放在正确的位置"也同等重要。莫迪政府的错误似乎就是，认为只要宏观经济保持稳定，就足以保证总需求。但私人投资从未恢复，而且政府顽固地拒绝通过增加公共投资来维持总需求的水平。② 意识形

---

① 例如，印度食品公司负责管理公共分配系统的粮食供应，如果它采购了粮食，并因为错误的储存方法而导致其腐烂，根据印度政府的预算实践，这将显示为补贴的增加。
② 可参见表 4.2。

表4.6 莫迪政府的重点支出

事项	变动趋势	占总支出份额 （2019—2020年）（%）
卫生和教育	下降	5.7
补贴	下降	9.5
资本支出	稳定	12.7

注："变动趋势"体现了2013—2020年支出项目所占份额的差异。
来源：根据网站数据计算得出。

态上的承诺可能会阻碍我们看清经济的本质。

错把架构当作力量

现在，我来谈谈莫迪政府在处理经济问题时的第二个判断错误。其未能提高印度经济增长率的关键是对经济驱动力的理解有误。这种误解的核心是没有区分架构（architecture）和力量（force），想当然地认为某种特定的政策布局或"架构"就能保证经济的活力或"力量"。而后者包括需求的力量和供应的力量，它们在不同情况下使经济扩张或收缩。现在，架构可以成倍地放大力量，但它不能产生力量。① 在宏观经济层面上，力量的最好例子就是投资。投资实际上从供给和需求两方面影响了经济。通

---

① 我对这个问题的思考受到了富山健太郎（Kentaro Toyama，2015）关于信息技术带来社会变革潜力的研究的影响。富山的结论是基于在班加罗尔的实地调查得出的。

过提高资本和劳动比率，它从供给方面提高了劳动生产率，通过增加总支出，它又从需求方面促进了经济的发展。

莫迪政府的三项政策举措表明，其想象中理想的经济架构要素包括：一个将取代现金的数字支付网络，一个统一的间接税制度，以及减少政府的干预。在推动经济向这样一个架构发展方面，政府取得了一些成功。废除大额纸币最初被称为针对黑钱囤积的"外科手术式打击"，后来被合理化地阐释为促使印度人采用数字支付机制的举措。这有利于经济正规化，为政府带来更多的税收，使政府能够在基础设施建设方面有更多支出。接下来是启动商品和服务税，这当然会带来好处，比如消除各邦之间的货物运输障碍，但最重要的是，这是一种超级增值税。此外，商品和服务税还解决了税目繁多的问题，这也是迄今为止印度制度的一个特点。但莫迪政府不能将此举的所有功劳都揽在自己身上，因为从 20 世纪 70 年代开始，即使重组间接税的事宜还没有投入运行，也已经摆上台面了，而且各邦都深度参与了启动事项。新架构的第三个要素是实现 2014 年选举口号中的"最小政府"，其采用的形式是降低中央政府在经济中的支出份额。所以，莫迪政府已经能够实现它所期望的大部分经济架构设计。

可以说，我们在上一节所讨论过的莫迪政府的宏观经济政策，也可以看作是这种将合适的架构置于中心的方法的延伸。因此，在 2016 年出现了迈向"现代货币政策框架"之举。这意味着，从那以后，货币政策的唯一目标就是控制通货膨胀。而财政政策的指导方针一直以"财政整顿"或减少赤字为目标。正如我们所看到的，通货膨胀已经稳步下降，在政府的第一个任期内，财政整顿也大刀阔斧地推进。这使得财政部部长杰特利在结束其第一个任期时说，政府已经实现了宏观经济的稳定，这是印度经济有史以来最好的时期。①

在废除大额纸币以及引入商品和服务税的承诺中，一个重要部分就是通过正规化提高公共收入，但这并没有实现。另外，尽管数字支付大幅增加，但在废除大额纸币后不久，增长率逐渐下降，这一趋势至今仍未扭转。如果只有架构对增长很重要，那么可想而知，废除大额纸币的影响很快就会消除，因为货币供应量会迅速恢复到以前的水平。但事实是，莫迪政府的整个任期一直缺乏推动经济进入更高增长轨道所必需的力量。一方面，私人投资率没有上升；另一方面，或许是出于某种对架构的承诺，政府已经表明，不愿意通过扩大自身的支出来进行弥补。②上一节的讨论是为了说明如何理解这一点。增长放缓叠加收缩性的宏观经济政策预示了未来不会产生良好的收益，这也就否定了通过经济政策建立的架构所带来的益处——如果有的话。有时候，政府必须牢固树立收益预期。教条式地执信某种经济结构有带来增长的能力，就意味着对这一点甚至还没有认知。

以上是对莫迪担任总理的前6年的论述。2020年，印度遭受了新冠疫情的袭击。疫情是一个外生事件，即对经济的外部影响，对于随后发生的事情，我们单独进行讨论会比较好。

---

① 参见《印度商业线报》(*Hindu Business Line*) 网站，发表于2019年2月1日，2021年8月17日访问。
② 最后，在2022年的联邦预算中，政府似乎已经远离了这一立场。

新冠疫情及其带来的教训

尽管印度第一例新冠病毒病例是在2019年12月发现的,但印度政府直到2020年3月才正式承认了病毒在印度的存在。也许没有哪种流行病会像这次一样激起公众的巨大想象,主要是对传染病的恐惧。19世纪的鼠疫和20世纪初的西班牙流感也造成了死亡,但由于当时的交通网络远没有现在这样发达,死亡病例更多出现在当地。用今天的话说,港口城市孟买在当时是一个"热点",农村地区则相对受到保护。而这次,病毒通过流动传播,最初在国际接轨程度较高的地区被发现,然后扩散到内陆地区。印度没有任何地区能够幸免,包括东北地区,尽管在病毒传播的早期,东北地区的感染率增长要缓慢得多。最后,与印度早期流行病的历史决然不同的是,媒体的存在和强大的图像传输技术意味着,感染增长和引发死亡的信息可以在全国范围内实时获取。

从全球范围来看,印度早期的疫情似乎并不严重。"热点"相继出现在其他地方,如意大利北部、英国和美国纽约。到2021年2月,病毒似乎在印度得到了控制。然而,2021年3月中旬出现了第二波疫情。这次疫情与之前有着本质的不同,病毒攻击的程度更严重,具体反映在感染和死亡人数激增上。由于这次疫情出其不意且破坏力巨大,它被描述为一场"海啸"。

人们发现,印度的基础卫生设施完全不足以应对这次大流行。几乎每个部门都出现了短缺,从医院床位、呼吸机到医用氧气都是如此。视觉媒体转播了病人躺在医院地板上的可怕场景,尸体堆积在病房角落里,人们拿着空的氧气瓶排队,怀着为家人找到医用氧气的一线希望。卫生系统已经完全崩溃。

此外，由于无法保证自己的生命安全，公民甚至无法以体面的方式，将去世家人的尸体运送到最后的安息之地。在德里，火葬场要么满员，要么由于设备故障，无法满负荷运转。在北方邦，人们看到尸体漂浮在恒河中，这让人深感悲怆。虽然印度人已经习惯看到周围的死亡，但无法按照传统为逝者举行最后的仪式，对许多人来说是一种创伤。印度临时火葬场的场景不可避免地通过全球媒体传到了世界其他国家，损害了莫迪政府自上台以来一直在打造的印度崛起的形象。一个相对独立的媒体意味着，对于疫情的发展及其引发的可怕后果，公众几乎没有什么不知道的。但是，我将描述和说明病毒产生影响的模型，这一点可能被忽略了。理解这种模型是至关重要的，这样我们才能在确保印度在未来健康的道路上走得更远。

公共卫生系统的重要性

印度新冠疫情大量死亡病例的特点是，各邦之间的死亡率差异很大。例如，在 2021 年 3 月 31 日，在数据光谱的两端，米佐拉姆邦（Mizoram）的死亡率为每百万人口 10 人，而德里的死亡率为每百万人口 463 人。[①] 这里需要解释一下。斯里纳特·南布

---

① 作者根据《新冠疫情各邦状况》中的死亡率数据计算得出，参见相关网站（2021 年 4 月 1 日访问）以及卫生和家庭福利部（2019）的各邦人口数据。

迪里（Sreenath Namboodhiry）和我已经建立了一个关于死亡率和印度各邦特点的模型。[①] 我们的第一个发现是，死亡率较高的邦，人均收入也较高。这让我们相当惊讶。我们可以合理地假定财富与收入相关，但无论如何，这一事实表明，在疫情期间，财富并没有起到抵御死亡的作用。那么，是什么因素在发挥作用，让一些邦的人口得到了更好的保护呢？为了搞清楚这一点，我和我的合作伙伴将各邦新冠病例死亡数据和各邦公共部门的卫生基础设施与公共卫生支出数据做了比对。在关于基础设施和支出的衡量标准中，只有一个具有统计学意义，这就是公共卫生支出占该邦地区生产总值的比率，在我们看来，这个指标代表了一个邦卫生系统资金的充足程度。这一数据的等级相关系数为-0.42，显示出负相关，也就是说，将更多地区生产总值投入公共卫生部门的邦，其新冠病例的死亡率更低（图4.3）。

为了证实我们得出的关于公共卫生系统重要性的结果，我们测试了私人基础卫生设施的作用，包括与新冠病例治疗直接相关的设备，如呼吸机。我们发现，只要将公共卫生支出考虑在内，它对死亡率就没有影响。这一结果的意义在于，无论私人提供的体系有多好，公共卫生支出都很重要。

此外，必须注意的是，我们所得到的结果是公共卫生支出，而不是公共卫生部门基础设施的可获得性。这表明，我们捕捉到

[①] 参见巴拉克里希南和南布迪里（2021）。这一模型是通过对数据进行广泛的统计分析而确立的，其中的细节在此略去不表。感兴趣的读者可以查阅原始研究报告。

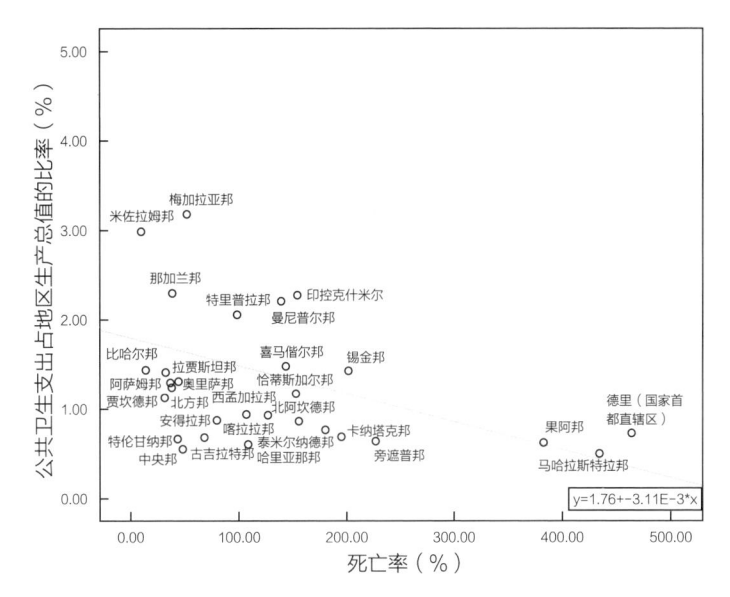

图 4.3 印度各邦在新冠病例死亡率上的差异

注：变量定义和数据来源已在文中说明。

的可能是在预防死亡方面发挥作用的整个综合体。这个综合体就是公共卫生"体系"，在流行病发生时，它负责控制方方面面，包括监测、测试、检测、遏制和协调治疗。如果一个国家的物质基础设施在地理上是分散的，协调就变得尤为关键。一个卫生系统的有效性不仅取决于现有的医疗基础设施，也与它所获得的资金规模有关。① 而卫生支出与地区生产总值的比率这个变量，所衡量的就是这种资金的规模。我们应该很容易认识到，任何私人

---

① 这是由世界卫生组织的卫生专家提出的。参见坎德尔（Kandel, 2020）等人。

实体都没有能力，也没有合法性来承担分配给公共卫生系统的任务。正是在这个意义上，公共卫生系统在流行病期间尤为重要。

南布迪里和我对印度各邦新冠病例死亡率差异做出了部分解释，我们对此感到满意，但还是对以下发现困惑不已，即各邦的死亡率与人均收入呈正相关，这意味着较富裕邦的人口其实更加脆弱。这一经验与南亚其他国家的情况截然不同，或者说，我们发现与一百多个国家的情况截然不同。然而，在进一步调查中，我们发现，各邦的公共卫生支出与人均收入成反比。这表明，相比于较贫穷的邦，较富裕的邦将更少的地区生产总值用于公共卫生系统支出。根据这一发现，最初看来令人费解的疑问便迎刃而解了。

注意到公共卫生支出对死亡率的重要性后，我们现在来研究各邦政府预算中对卫生的拨款。在印度，根据《宪法》规定的中央和邦政府之间的责任分配，卫生是一个邦级立法事项。因此，人们期望各邦政府能承担大部分的公共卫生支出。根据独立机构 PRS 立法研究（PRS Legislative Research）——该机构的宗旨是更好地披露印度的立法进程，使其更加透明、更具参与性——收集的数据，我们发现，在 2018—2019 年，各邦在卫生支出上的平均分配为总预算的 5.1%。[①] 虽然没有绝对的标准，但鉴于印度的基础卫生设施状况，低于 5% 的比例似乎是很低的，而印度有一半的邦都在这个区间里。同样值得注意的是，几乎有一半的邦

---

① 作者根据 PRS 立法研究收集的各邦支出数据计算得出。

在治安领域的支出非常接近或超过了卫生支出。其中，支出份额最大的包括比哈尔邦、贾坎德邦、旁遮普邦、哈里亚纳邦、北方邦、中央邦、恰蒂斯加尔邦和马哈拉施特拉邦，这些邦的人口占印度总人口的比例很大。因此，对于相当一部分人来说，在法律和秩序领域的公共支出超过了卫生领域。

除了马哈拉施特拉邦，这些邦都位于印度北部，有着共同的文化和历史，这对其公共政策有所影响。必须指出的是，一些东北部的邦和其他邦在治安领域的支出也超过了卫生领域。但这些邦的公共支出高于平均水平，确保了其卫生支出在地区生产总值中的比例仍然较高。事实上，每个东北部邦区的卫生支出与地区生产总值的比例都高于印度的平均水平。另外，前面提到的位于中心位置的 8 个邦中，大多数邦的这一比例都低于全国平均水平。唯一例外的是比哈尔邦，其卫生支出与全国平均水平相当。

最后，我们可以对马哈拉施特拉邦的情况予以格外关注。在 2021 年 3 月 31 日，该邦录得了最多的死亡人数和第二高的死亡率。马哈拉施特拉邦分配给卫生领域的预算低于全国平均水平，再加上公共支出总额较低，导致卫生支出占地区生产总值的比例不到 1%。[①] 就地区生产总值而言，该邦是印度最富有的邦。马哈拉施特拉邦卫生领域支出低的后果反映在基础卫生设施上：跟马哈拉施特拉邦相比，印度只有 2 个邦的医院数量更少，3 个邦的（对抗疗法）医生数量更少，8 个邦的人均医院床位数量更少。[②]

---

① 参见巴拉克里希南和南布迪里（2021）。
② 参见卫生和家庭福利部（2019）。

对于那些关心印度人口健康的人来说，应该从印度对抗新冠疫情的经验中汲取一点教训。卫生是一个邦级立法事项，这意味着各邦应该为其人口的健康提供大部分的保障，而且它们不需要在国防、通信、国道和对外关系上花钱。然而，一些邦的卫生预算份额比中央政府还要低。在遭受新冠疫情时，那些将更多花费用于提供公共卫生服务的邦死亡率更低，这让我们得以看到投资公共卫生系统的重要性。我们可以合理地假设，这种反比关系会在更普遍的人口健康状况上显示出来。鉴于在目前印度一些邦的预算中，投入卫生领域的支出比例很低，要保证印度人口的健康安全，就要对支出的优先次序进行彻底的调整。

限制财政并不总是需要保持审慎

印度政府对新冠疫情的最初应对，是在2020年3月对全国实行了封锁。此举由于方方面面的原因招致了强烈的批评，包括仅提前4个小时通知以及中央政府没有征求各邦的意见。这两点都是基于政治理由的严重批评。从通知到实施的极短间隔也被人批评其给远离家乡的流动劳工带来了现实困难和精神压力。但即使提前更长的时间通知，在没有保障性经济救济措施的情况下，也不能明显证明劳工所遭受的长期困难会大幅减少。尽管如此，封锁持续了大约2个月，最初宣布的封锁时间被多次延长。此后，中央政府不再宣布任何全国范围的封锁，而是由各邦政府按照其意愿，在其管辖范围内进行封锁。大多数邦根据新冠疫情的进展情况宣布了封锁，或对人员流动施加了一些限制措施。在中央封锁解除一年多后，经济活动仍未完全恢复。2020—2021 年，印度经济总量收缩了约 7%。这一年年底出现了复苏的迹象，但第二年早期，复苏又被猝不及防的第二波疫情打断。

中央政府对人口流动和经济活动进行了全面封锁，受到国际社会的关注，但封锁的严格程度与政府的经济应对举措并不匹配。在这种情况下，适当的应对政策应该包括两个部分，即救济和复苏。前者是弥补封锁期间的经济损失，后者是出于宏观经济的考虑，即封锁期间的产出损失导致了需求减少，即使在封锁解除后也不会完全恢复。印度经济现在处于收缩状态，如果经济低迷的时间持续得足够长，私人投资就会受到影响，经济复苏就会无限期地推迟，我们最终会面临凯恩斯所说的有效需求不足。只有增加公共支出，即采取所谓的刺激措施，才能使经济摆脱这一困境。

政府的首要应对之举主要是通过公共分配系统增加对贫困家庭的食品津贴，此外，还向贫困家庭的妇女提供了少许极其微薄的现金转移。政府的经济复苏计划则要晚得多，直到 2020 年五六月才出台。首先，总理在电视上宣布，经济刺激的规模将达到约 200000 亿卢比，占国内生产总值的 10%。但当财政部部长宣布细节时，人们发现通过增加公共支出可以直接产生的购买力仅有不到 2%，其余的将采取金融支持的形式，由政府为银行部门的贷款提供担保。此外，印度储备银行宣布其将提供足够的流动性。

政府对下行经济的刺激是很弱的。假定 2020 年年初长达 2 个月的封锁给国内生产总值带来了约六分之一的损失，以 2019—

2020年约2000000亿卢比的国内生产总值规模为基准，收入损失将达到333000万亿卢比。在乘数为1.5的情况下，要创造同等的收入，以额外公共支出为形式的刺激需要达到220000亿卢比。然而，截至2021年3月17日，中央政府的刺激规模，即额外的预算支出和减免的收入，只有65000亿卢比，[1]比估计的需求量少了三分之二以上，这必然会对经济活动产生影响。表4.7说明了这一点，其中汇聚了印度、其他金砖国家和美国的相关数据。

表4.7 应对新冠疫情的宏观经济政策

国别	刺激规模占国内生产总值比率（%）	2019年	2020年	2021年
印度	3.3	4.0	-7.9	12.5
巴西	8.8	1.4	-4.1	3.7
俄罗斯	4.3	2.0	-3.1	3.7
南非	5.9	0.2	-6.9	3.1
美国	25.5	2.2	-3.5	6.4

注：国内生产总值增长按年度计。
"刺激措施"是指截至2021年3月17日的额外支出和减免的收入，数据来自国际货币基金组织（2021a）；国内生产总值增长数据来自国际货币基金组织（2021b）；2021年的数据是国际货币基金组织的预测。

这些数字明确显示，这些国家在疫情发生的那一年，即2020年，产出的下降与刺激的程度成反比，尽管具体比例不尽一致。尤其是印度经济收缩的程度最高，财政刺激的力度却最小。这组

---

[1] 参见国际货币基金组织（2021a）。

多国对比数据表明，如果政府出台更多的刺激措施，就可以避免如此剧烈的收缩。反之，原本能够避免的产出损失就会成真。最后，必须结合印度经济2020年负增长的事实，来理解2021年有望达成的高增长率。为了正确看待这个问题，我们需要知道，到2021—2022年度上半年末，印度的实际产出（国内生产总值）还没有恢复到疫情前的2019—2020年度的同期水平。① 此外，印度政府对2021—2022年度经济增长率的首次估算远远低于国际货币基金组织的数据。②

莫迪政府的经济应对政策令人费解。当一个经济体遭遇负的总需求的冲击时，应该增加公共支出，这一主张在理性的经济学家中已毫无争议。印度政府定然会关注到，在疫情刚开始的时候，美国国会是如何团结一心，果断支持20000亿美元的财政刺激措施。这是美国历史上实施的最大规模的刺激措施，对形势做出了大胆而及时的反应。许多印度经济学家，包括我自己，在封锁早期就在媒体上呼吁，如果想避免产出损失，印度需要一套强有力的财政刺激措施。③

然而，莫迪政府的行动显然表明，其并不愿意提供财政刺激。在整个2020年，当一切都显示经济正在日益收缩时，政府虽然最终在预算之外增加了支出，但依然保证不会放弃财政整顿。而且，在2021—2022年的预算中，它将支出保持在与

---

① 参见印度统计和计划执行部（2021）。
② 参见印度统计和计划执行部（2022）。
③ 参见巴拉克里希南（2020）。

2020—2021年的修订预算几乎相同的水平，更是直接表明了自身的意图。在不确定是否能恢复到此前的产出水平，或者至少没有把握恢复私人投资的情况下，此举毫无疑问地推迟了复苏的进度。如果说保持预算支出总额不变并非明智之举，那么，在疫情出现大规模好转之前，减少实际卫生支出则是完全不负责任的。[①]

疫情期间，莫迪政府的经济管理既没有为那些可能因最初封锁而失去生计的人提供重要的救济，也没有支持总需求达到实现快速复苏所需的规模。关于应对措施本身的规模，一个经常会遇到的托词是，印度无法承受更大规模的刺激，因为与欧洲和北美的经济体相比，它是一个贫穷的经济体。这实际上是一种误解。这种说法忽略了一点，即刺激措施要根据一个国家的国内生产总值来评估，而不是某种绝对的标准。不管怎么说，如果按购买力平价来衡量国内生产总值，印度是世界第三大经济体。

需要注意的是，通过预算提供救济和促进经济活动不独属于中央政府，各邦也可以发挥作用，而且它们也并非没有资源。尽管与中央政府相比，它们在借贷方面会受到更多的限制。虽然我们没有可以对比的数据来分析印度各邦在一个统一框架内对新冠疫情造成的经济影响做出的反应，但在引导复苏这一问题上，印度较大的邦的政府并没有表现出很强的主动性。

---

① 参见财政部（2021）。

第四章 失去动能

结论：当市场遭遇阻遏

莫迪在 2014 年就任前的竞选活动中，将经济管理置于施政的中心位置。他所继承的经济增长正在加速，通胀正在减速。而在他的第一个任期结束时，经济增长已经连续 3 年减速，通货膨胀却在加速。更重要的是，失业率在大多数时候都比以前更高。莫迪所能创造的就业岗位比他承诺的要少得多。更糟糕的是，莫迪享有"亲商政治家"的美誉，却并没有带来私人投资率的上升，尽管在他老家所在的邦，一些主要资本家的资产可能在增加。莫迪并未让印度的私营部门欢欣鼓舞。或许是出于意识形态上的承诺，在最需要公共投资的时候，他的政府表现得十分顽固，执意拒绝。

在莫迪的领导下，经济增长在 2020 年新冠疫情发生之前就已经开始放缓了。经济动能的丧失可以看作是经济对政府政策的回应。数据显示，自 2014 年以来，增长放缓的直接原因是莫迪在第一个任期中期实施的废钞政策。但这一现象可能还有政策等其他方面更深层次的原因，即收缩性的宏观经济立场，以及使用国家机器，对想象中的非法金融交易重拳出击。从这两方面出发，加大税收力度和经济执法部门针对企业家的动作对经济活动产生了令人不寒而栗的影响，而这种影响的作用方式又是更加微妙的。

莫迪政府无法提振私营部门的投资，我们通过这一点可以看到，这种恐吓带来的影响超出了投资者的长期低迷预期。这些预期很可能是理性的，因为他们认为政府没有可靠的战略来维持未来的经济繁荣。没有任何明显的外部因素拉低印度的增长前景，在这种情况下，很多人都认为是莫迪政府自身导致了经济动能丧失。

这与英迪拉·甘地的"左转"有一定的相似之处，后者在从20世纪60年代末开始的10年里导致私营企业投资瞬间雪崩。然而，英迪拉·甘地能够迅速纠正其有害政策，实现经济复苏。目前我们尚不清楚是否可以期待莫迪也这样做，他似乎已经将其政治和文化议程置于经济之上，这对经济造成了可预见的后果。事实上，印度在2014年之后的经济态势可以看作是此举产生的附带损害。

第五章　未竟的征程：发展停滞的现代化

　　印度独立后，其经济走过了75年的漫长历程。这是一段非凡的历程。农业生产大幅增长并趋于稳定，半个多世纪以来，我们从未面临粮食短缺的境况。印度工业从依赖进口转变为一个产品高度多样化的综合体系。其所提供的服务不再仅仅包括阿育吠陀推拿或通天绳表演①，而是由年轻的印度工程师为世界领先的企业现场提供高端软件解决方案。显然，印度的经济已经在某些重要的领域实现了现代化。

　　尽管这些成就可能令人欢欣鼓舞，然而在75年后，我们必须用印度经济发展之初设定的目标来衡量这段历程。在本书开篇我写道，最能反映缔造者们所设想的印度独立的目标是尼赫鲁的一段陈述，他认为，印度正在踏上消除"贫困、无知、疾病和机会不平等"的征程。要取得这些成果，一定程度上取决于经济的发展，这也是我为什么要讲述印度75年来的经济发展历程。印度在1947年接受了民主制度并保留了其程序，在本书的末章，我将对这一制度在多大程度上成功实现了其所设定的目标进行评估。

---

① 阿育吠陀，印度教的传统医学，主要包括药草、推拿及瑜伽三种疗法。通天绳，一种源自印度的魔术表演，表演者使用一条普通的绳子，通过一些手法和咒语，使绳子变得笔直，然后顺着绳子往上爬，直到消失在云端。——译者注

发展问题

在印度，每个人都对"民主"的含义都有一定的理解，但对"发展"的理解却不尽如此，尽管"发展"是一个经常出现在公共话语中的词汇。印度的主要政党都声称自己致力于发展，比如，今天的印度中央政府一开始就提出了"大家在一起共同发展"的口号。印度的邦政府对此似乎也不乏热情。在今天的马哈拉施特拉邦，包括不少重要的全国性政党在内的执政联盟自称"马哈拉施特拉发展阵线"（Maharashtra Vikas Aghadi）。但对于他们用"发展"一词来描述自己声称要在印度实现的目标，我们该如何理解呢？

阿马蒂亚·森将"发展"重新定义为自由的扩展。[①] 在这一定义中，"自由"的概念是"做什么样的事或成为什么样的人的自由"。在森看来，在追求自由的过程中，个人要实现某些"功能性活动"，会受到其"可行能力"的制约。这些功能性活动是个人所珍视的"存在和行为"。因此，可行能力反映了一个人过一种或另一种生活的自由。[②]

这种发展观也为理解社会中的边缘化现象提供了一个视角。被边缘化的人可能被视为不自由的人，因为他们无法自由地实现他们所珍视的功能性活动。现在，我们再回过头，从"发展即自由"的概念出发，"边缘化"可以被定义为缺乏森所称的"基

[①] 参见森（1999）。
[②] 关于"功能性活动"和"可行能力"的定义，参见森（1992）。

本"可行能力,即"边缘化"反映了"基本可行能力的(不)平等"。① 对实践具有重要意义的是,这意味着,这些能力不是与生俱来的,但只要社会能够凝聚起资源和意愿,就可以赋予其所有成员基本可行能力。

在试图理解边缘化现象时,非常重要的一点是,数目多少没有意义。在一个社会中,边缘化的人很可能是大多数,我们不必再回顾种族隔离时代的南非来论证这种情况。有些人可能会说,今天的印度亦是如此。虽然我们不可能在每种情况下都事无巨细地说明什么会导致个人自由的扩展,但我们有理由认为,教育对一个人实现自己的功能性活动贡献最大。同样,这对实践也有影响。以统一的学校教学为形式的教育不仅有明显的经济潜力,还能够抵消皮埃尔·布尔迪厄(Pierre Bourdieu)所说的文化资本。② 熟悉印度现实的人会意识到,文化资本在过去对于复制边缘化所发挥的作用。一旦通过公平统一的教育实现基本可行能力的平等,那么在广泛的人际交往领域中,任何继承下来的文化资本都不再重要了。

除了教育,健康也是决定可行能力的重要因素。在达到一定程度的教育水平后,个人的健康状况将决定其在多大程度上能有效地利用教育来实现其所珍视的功能性活动。在"发展即自由"的前提下,我们可以看到,一个社会中自由的分配与可行能力的分配密切相关。在评估社会安排时,忽视这一点会带来消极后

---

① 参见森(1980),第219页。
② 参见布尔迪厄(1986)。

果。例如，一个社会通过福利计划实现了商品分配的高度平等，但这个社会的可行能力依然是不平等的，这意味着并非每个人都拥有相同程度的自由。展望未来，印度的公共政策更强调商品的分配，而往往会忽视这一点。

如果发展意味着自由的扩展，而自由就是可行能力，那么就有必要甄别哪些是基本可行能力。森本人放弃了制订这样一份清单。他认为基本可行能力的概念是相当笼统的，并且考虑到其实施取决于文化，特别是在不同可行能力的权重问题上。其他哲学家，如玛莎·努斯鲍姆（Martha Nussbaum），虽然赞同森以可行能力为基础的发展，但认为清单是不可或缺的。[1]

虽然森可能拒绝被任何特定的可行能力所束缚，但他就如何应对边缘化问题提出了重要的洞见。由于个人并不是天生带着可行能力来到这个世界上的，需要对他们配备资源，因此要想将基本可行能力覆盖到全体人口，就需要一个扩展个人自由的集体承诺。尽管这带有理想主义色彩，事实上却是一个最实际的建议。之所以需要采取集体行动来赋予个人可行能力，是因为如果个人能够简单地赋予自己可行能力，他们就不会在社会中处于边缘地位了。这意味着个人赋权需要森所说的"公共行动"，即国家或公民社会团体的集体努力。简言之，虽然可行能力归根结底在于个人，但当个人在获取可行能力存在障碍时，就需要一项社会计划，来使他们具备基本可行能力。

---

[1] 参见努斯鲍姆（2007）。然而，森和努斯鲍姆的观点在这一点上似乎趋于一致，即教育才是可行能力的核心。

随着将发展理念重塑为自由的扩展，关注的焦点从商品转向了人的可行能力，从国家总体转向了个人。从公共政策的角度来看，我们对生产的总价值不那么感兴趣了，而是更关心健康和教育资源在人口中的分配。发展现在成了人口发展的同义词。

印度将人口发展作为其终极目标是必然的诉求。麦克弗森指出，自由民主的主张——它使人的权利最大化——是基于这样一个命题，即人的目的是利用和发展其独特的人类属性或能力。原文如下："人对这些方面的潜在利用和发展可以称为人的力量。一个良好的社会是一个能最大限度地发挥这些力量，或允许和促进这些力量达到最大化，从而使人能尽其所能的社会。"① 自由民主使每个人的力量最大化，即最大限度地利用和发展他或她本质上的人类才能。因此，在印度独立 75 年后，必须根据其在多大程度上促进了人口发展来对其做出评判。

建设可行能力

关于人的可行能力建设，教育被认为是最重要的一项投入。除此以外，还有健康，因为临床证据表明，糟糕的健康状况会阻碍学习，营养不良就是一个典型的例子。② 教育领域的研究显示，该领域有三个特点。第一，学习是个人已有知识储备作用的结果，因此，最初的教育投入会影响后续投入的效率。第二，儿童

---

① 参见麦克弗森（1973），第 8-9 页。
② 参见朱克斯（Jukes，2005）。

早期教育至关重要，因为在这个阶段，大脑最容易接受环境的影响。第三，人们相信，部分智力发育甚至发生在胎儿时期，因此与孕妇的健康状况有关。所有这些都意味着，一个人的某些能力在生命周期的早期阶段就已经完成了发展。这反过来又对教育政策产生了影响，尤其是如何在不同层面分配公共支出。一个或许会令人感到惊讶的事实是，美国的研究表明，学前教育阶段的公共支出回报率最高。[①]

长期以来，教育一直被认为是发展认知技能的媒介。然而，尽管认知技能可能是最重要的，但培养某些非认知技能，如韧性、毅力，当然也包括积极性等个性特征，都应被视为教育的任务之一。在美国进行的随机对照试验表明，特殊的学校项目可以在这些方面发挥作用。同时，教育还需要考虑第三个方面。儿童在接受正规教育时，包括在游戏学校[②]度过的时间，他们生命中的价值观（例如同理心）正在形成。通过相互作用习得的认知和非认知技能，以及在学校培养的同理心等价值观，有助于形成社会凝聚力，而社会凝聚力可被视作一种公共产品。

我们通过经济理论知道，当存在外部效应并涉及公共产品时，私人提供的产品可能并非最佳。这反过来又表明，在这种情况下，政府有充分的理由发挥主导作用。很可能正是基于这种认识，人们认为教育会产生外部效应。在西欧和美国，至少从19

---

① 参见赫克曼（Heckman, 2006）。
② 一种照料学龄前儿童的非正式保育学校，儿童通过游戏进行学习，常见于英国。——译者注

世纪开始，教育在很大程度上是由政府提供的。此外，在美国，对公立学校的依赖也可能是出于一种强烈的意识形态承诺，即保证移民享有平等的机会。

阿杰姆奥卢（Acemoglu）和鲁宾孙（Robinson，2012）认为，成功国家的一个特点是权力分配相对平等。当然，这与政府提供极其统一的义务教育不无关系。这种安排确保了一定程度的机会均等，并通过能力均衡营造了社会凝聚力，从而扩大了一个国家的利益相关群体。当然，在不牺牲教育质量的前提下，要让教育朝着更加平等的方向发展，可能需要一定的社会转型。这一点可以从美国、法国和俄罗斯的现实中看出来，这3个国家各自所处的地区差异很大，但都拥有相当平等的学校制度，都有一段革命性变革的历史，尽管各自的形式大相径庭。在美国，变革也许在1776年之前就已经开始了，定居者正是通过迁移到遥远大陆的行为，从一开始就否定了其母国的价值观。下面我将继续讨论，社会转型在印度机会均等发展过程中的作用。

印度的公共政策与人口发展

终结殖民主义和接受政治民主确实让印度人获得了重要的自由。他们不再受制于外国势力，至少在原则上摆脱了专制统治。但毫无疑问，印度的缔造者们为同胞考虑得更为长远。事实上，我们可以说，当尼赫鲁谈到消除贫困、无知、疾病和机会不平等时，他考虑的是需要赋予印度人能力，使他们能够过上美满的生活。

为了对印度在消除贫困、无知和疾病方面取得的进展做出比较评估,我们可以参考表5.1中的数据。这些数据说明了一个清楚的事实。2020年,印度的人均收入仅为全球平均水平的三分之一。与此相关的是,超过五分之一的印度人口处于世界银行所称的"极端贫困"状态。这是全球贫困率的两倍多。印度的营养不良和文盲现象也更为严重。印度人口与世界其他国家唯一差距不大的指标是预期寿命。这些数据综合表明,虽然印度人的寿命与地球上其他地区相差无几,但其中相当一部分人过着赤贫的生活。

表5.1 印度和世界的人口发展

	印度	世界
收入(美元)	6454	17110
贫困率(%)	22.5	9.3
成人识字率(%)	74	86
预期寿命(岁)	70	73
营养不良率(%)	14	9

注:"收入"是指以现价国际美元计算的人均国内生产总值。"贫困率"是指每日生活费低于1.90美元(按2011年购买力平价计算)的人口比例。"成人识字率"是指识字的成人在成年人口中所占的比例。"预期寿命"是指出生时的预期寿命。"营养不良率"是指膳食能量消耗未得到满足的人口比例。
来源:参见世界银行网站,2021年9月13日访问。

我们可以通过印度的公共政策来解释,为什么其在标准的人口发展指标上表现相对较差。我在第四章讨论新冠疫情的死亡率时指出,印度各地的死亡率差异可以用对公共卫生系统的投资力度不同来解释,这是由卫生支出占地区生产总值的比例来衡量的。在印度,医疗卫生是一个邦级立法事项,因此相关分析是基于邦政府的支出。数据表明,一些邦政府的卫生支出低于其在治安领域的支出。马哈拉施特拉邦的情况尤为突出,其在公共卫生系统方面的支出尚不足其地区生产总值的0.5%。在第一波新冠疫情期间,这里出现了印度最严重的卫生危机,医院人满为患,医护人员捉襟见肘,呼吸机和医用氧气短缺。在疫情时期,印度各邦中死亡率最高的就是马哈拉施特拉邦。[①] 我们不需要再列举更多证据来认定,卫生成效与公共政策密切相关。

由于前文已经论述过卫生成效与公共政策之间的联系,我在这里将仅讨论教育的情况。从表5.2我们可以看到印度公共教育支出水平及其带来的后果。印度公共教育支出占国内生产总值的比例比世界上其他地区都要低。相应地,印度的识字率和学校教育方面的成效也大多较差。印度的教育支出甚至低于撒哈拉以南非洲地区,而后者是世界上人均收入最低的地区之一。我们不能说教育支出水平的低下反映了支出能力,就印度而言,这看起来是一个公共政策优先事项的问题,而后果就是文盲现象持续存在。

有趣的是,我们发现美国在教育领域的公共支出非常高。美国是一个奉行自由市场的资本主义国家,而印度的宪法宣称本国

[①] 参见巴拉克里希南和南布迪里(2021)。

表5.2 世界各国的公共支出与教育成效

	公共教育支出占国内生产总值比例（%）	成人识字率（%）	高等教育在支出中的份额（%）	学生与教师比率（小学）（%）	中学入学率（%）
世界	4.5	86	22	23	66
北美	5.0	99	28	14	93
欧洲和中亚	4.8	98	21	15	90
中东和北非	4.5	79	23	21	73
东亚和太平洋地区	4.2	96	16	18	79
拉美和加勒比地区	4.5	94	21	21	78
撒哈拉以南非洲地区	4.3	65	21	37	36
印度	3.8	74	29	33	62

来源：参见世界银行网站，2021年9月3日访问。

是一个带有社会主义性质的共和国。从表中可以看出，欧洲和中亚地区的前社会主义共和国在卫生和教育领域的支出远远高于印度，这些国家在人口发展指标上的优秀表现就可以反映出这一点。就印度而言，本就已经偏低的教育支出水平还存在着进一步的偏差：请注意，印度的高等教育或大学部门在公共教育支出中所占的比例高于其他任何主要地区，甚至高于北美。印度的高等教育支出高于世界其他国家，而相比之下，每名小学教师对应的学生数量较多，中学入学率也更低。

我们不得不得出结论：这种支出模式中含有阶级偏见，因为只有较贫穷的阶级才会接受公共教育。无论其中的根本原因是什么，这都会对国家产生广泛的影响。印度儿童在他们最需要关注的时候，也就是在学校里，可能无法得偿所愿。无论如何，通过公共支出在人口能力基本投入上的吝啬表现，我们就可以理解印度在卫生和教育方面为何如此糟糕。正是印度公共政策的性质导致其在人类发展方面的数据令人失望。

刚才所做的这种比较有助于我们了解，即使在75年后，印度依然远远落后于世界其他国家。即使按照全球平均水平来看，这种差距也很大，更不用说与表现最好的那些国家相比了，这意味着印度还有很大一部分人口尚未达到全球发展标准。这是不可避免的吗？现在我就要讨论这个问题。

印度是个幅员辽阔且十分多元的国家，如果以全国平均水平来代替各邦的具体情况可能会产生误导。为了看看误导究竟有多大，我在表5.3中列出了印度一些较大的邦的标准发展指标信息，在4个地区中各选出一个邦，包括古吉拉特邦、喀拉拉邦、西孟

表 5.3 印度的地区发展差异

	人均收入（现价卢比）	多维度贫困（人数比例）	五岁以下儿童死亡率（每千人）	预期寿命（岁）	成人识字率（％）	中学入学率（％）
古吉拉特邦	213936	21.7	31	69.9	78	41.2
喀拉拉邦	221904	1.1	10	75.2	94	80.3
北方邦	65704	40.8	47	65.3	68	46.1
西孟加拉邦	113163	26.3	26	71.6	76	51.7
印度	180583	27.9	36	69.4	73	50.1

来源：人均收入、预期寿命和成人识字率来自印度储备银行，五岁以下儿童死亡率和中学入学率来自印度国家转型机构（2021）。多维度贫困、参见印度储备银行网站，2022 年 3 月 17 日访问；多维度贫困、

第五章　未竟的征程：发展停滞的现代化

加拉邦和北方邦。①

比较的结果表明，印度各地的人口发展存在相当大的差异。正如人们经常指出的那样，南部和西部各邦的人均收入高于北部和东部各邦。印度最大的邦——北方邦的人均收入远低于印度的平均水平，更不用与抽样调查中表现优异的邦相比了。

这种模式也体现在贫困问题上，但并不是完全对应的。例如，最富裕的邦之一古吉拉特邦的贫困率仅略低于西孟加拉邦，而后者的人均收入要低得多。然而，喀拉拉邦和北方邦之间的贫困差距尤为惊人，前者几乎已经消除了贫困。在卫生和教育指标方面，差异也很明显。看起来，收入对发展指标的影响较小。尽管西孟加拉邦的人均收入低于古吉拉特邦，但在卫生指标以及其中一个教育指标上，西孟加拉邦的表现都好于古吉拉特邦。

总之，从印度国内来看，各地区的情况差异很大。结合表5.1和表5.3的信息，我们还可以看到，印度有些邦，如喀拉拉邦，在某些发展指标方面优于世界平均水平。这意味着印度并非无法杜绝较低的可行能力发展水平。社会指标较好的邦，如喀拉拉邦和泰米尔纳德邦，长期以来都以在人口发展领域投入更多的关注和公共资金而著称。

到目前为止，我所提供的数据都是针对整体人口而言的。下面，我将评估印度的发展惠及女性的程度。从表5.4的指标中，我们可以发现，在这方面，地区差异也很大。最值得注意的是，喀拉拉邦的发展水平普遍较高，却并未改善女性权益。尽管喀拉

---

① 这四个邦分别位于印度的东、南、西、北部。——译者注

表 5.4 发展中的性别平等状况

	贫血患病率（%）	女性识字率（%）	女性与男性劳动力参与率比率	针对女性的犯罪率（每十万人）	女性议员占比（%）	高等法院中的女性法官占比（%）
古吉拉特邦	54.9	69.7	0.28	27.1	7.5	16.7
喀拉拉邦	34.3	92.1	0.45	62.7	5.7	13.3
西孟加拉邦	62.5	70.5	0.28	64	13.6	15.2
北方邦	52.4	57.2	0.19	55.4	10.6	6.8
印度	53.1	64.6	0.33	62.4	8.4	11.6

来源：贫血患病率（2011），参见《第四次全国家庭健康调查》，2022 年 3 月 17 日访问；女性识字率（2011），参见《印度人口普查》；劳动力参与率比率、针对女性的犯罪率及女性议员占比，根据截至 2020 年 11 月 1 日高等法院的法官数据计算得出，参见印度国家转型机构（2021）；高等法院中的女性法官占比，参见司法部网站，2022 年 2 月 2 日访问。

拉邦人口中女性多于男性，性别比接近世界最高水平，但其在促进女性能动性方面的数据却很差。① 该邦女性与男性劳动力参与比率为 0.45，远低于全球 0.659 的平均水平，针对女性的犯罪率也高于全国平均水平。② 但性别不平等最为明显的是政府治理领域。喀拉拉邦的女议员和女法官分别不到 6% 和 15%，而参加选举的女性人数却比男性多出 10% 以上。女性积极参与民主进程并没有在治理高层中换来一席之地，这几乎是男性的专属领域。虽然"喀拉拉邦发展模式"在国际上颇受赞誉，但在性别平等方面却并未得到多少承认。

喀拉拉邦女性在最高治理职位上相对缺失，这与印度女性几乎普遍被边缘化的状况相吻合。在全球范围内，印度的性别比低于全球标准，女性劳动力参与率也是如此。③ 尤其令人不安的是，三分之一的女性是文盲，一半以上的女性患有贫血。女性在政治治理中几乎完全缺失。

我们看到，印度的现行制度中持续存在着性别不平等。印度人口内含的另一个轴心是种姓。种姓是印度特有的社会分层制

---

① 关于印度各邦的性别比，参见《印度人口普查》；关于世界的性别比，参见世界银行数据，2022 年 3 月 17 日访问世界银行官网。
② 关于喀拉拉邦和全球劳动力参与率的性别差异，分别参见印度国家转型机构（2021）和世界银行数据，2022 年 3 月 17 日访问世界银行官网。关于印度针对女性的犯罪数据，参见印度国家转型机构（2021）。
③ 印度和全球的女性劳动力参与率分别为 20% 和 45%，参见世界银行官网，2022 年 3 月 17 日访问。

度，依据种姓，每个人出生时就被分配到社会中一个不可更改的位置。这使得在对印度面临的挑战进行评估时，世界其他地区构建的经济模式在某些方面会毫无意义。例如，由于种姓甚至可以限制平等获得公共产品的机会，在制定公共政策时，必须确保历史上被剥夺了权利的群体能从这种干预中受益。这就自然导致了一个问题：印度种姓制度造成的不平等如何左右公共政策，甚至更普遍的政治？我将展示一些基于种姓不平等的发展数据，然后简要谈谈这个问题。

表5.5分别收集了印度全体人口和表列种姓在健康、教育和经济状况方面的一些基本数据。这些数据表明，即使在印度独立60年后，表列种姓在所有指标上都落后于全体平均水平。他们的识字率更低，儿童死亡率更高，消费水平更低，贫困率更高。[①]种姓制度的持续影响是显而易见的，这意味着印度的民主未能将其消除。正如印度人口发展的分布不均衡一样，表列种姓的状况在全国各地也不尽相同。印度南部表列种姓的社会指标和消费水平优于其他地区。

表5.5 种姓的深远影响

	识字率（%）	五岁以下儿童死亡率（每千人）	人均消费（现价卢比）	贫困率（%）
全体人口	72.9	49.7	1804	27.5

---

① 如果用表列部落代替表列种姓，差距会更大。我没有这样做，因为后者的人数更为庞大。

续表

	识字率（%）	五岁以下儿童死亡率（每千人）	人均消费（现价卢比）	贫困率（%）
表列种姓	66.1	55.9	1494	37.8

来源：识字率（2011年），参见印度部落事务部（2015年）；五岁以下儿童死亡率（2011—2015年），参见《第四次全国家庭健康调查》；人均消费（2011—2012年城乡加权平均数），参见印度统计和计划执行部（2015年）；贫困率（2004—2005年），参见印度部落事务部（2015年）。

鉴于种姓制度在印度的独特性，人们经常认为，在印度，根据种姓进行政治动员对于减少社会群体之间的不平等至关重要。要检验这一假设，一个途径是比较泰米尔纳德邦和喀拉拉邦的政治动员和发展成果。1947年后，喀拉拉邦的共产党人发起了一项与欧洲社会发展相关的政治计划，而泰米尔纳德邦的达罗毗荼党派（Dravidian Parties）①则在种族民族主义的基础上进行政治动员。我目前正在研究这些不同的政治纲领对历史上弱势群体的影响，其中有两个发现值得一提。第一，虽然喀拉拉邦表列种姓与全部人口在消费方面的差距大于泰米尔纳德邦，但在识字率和儿童死亡率方面的差距却较小。第二，喀拉拉邦的表列种姓在这三个变量上所达到的水平都优于泰米尔纳德邦的表列种姓。

---

① 达罗毗荼是印度的一个种族，多分布在印度南部，历史上曾用来指代泰米尔人，南部使用的语言也被归位达罗毗荼语系。达罗毗荼政党出现于19世纪晚期，并从20世纪60年代开始活跃于泰米尔纳德邦政坛。——译者注

在这个例子中，我们不可避免地要对两个邦的发展战略进行评价。一个途径是采用罗尔斯[①]的方法，在各种社会安排之间做出选择。现在，根据"最大化原则"，我们应该尽可能地提升社会中最贫困者的地位。根据这一标准，喀拉拉邦会被认为更成功，因为其为社会最弱势的群体带来了更好的结果。[②]虽然我们还需要更多的分析和对照才能得出明确的结论，但这一证据表明，在所有情况下，比起基于种姓的政治动员，基于社会民主目标的政治动员可能更为有效。

最后，即使从种姓角度对发展指标进行解读，性别不平等依然存在。我们发现，在识字率和婴儿死亡率等指标上，全国范围内的每一个种姓群体中，女性的表现都不如男性。[③]按性别分列的消费和贫困数据无法获得，但根据女性劳动力参与率较低这一事实，我们可以有把握地推断出，女性在消费方面的

---

① 罗尔斯（John Rawls, 1921—2002），美国政治哲学家、伦理学家，他在著作《正义论》中提出，当一个社会达到完全正义时，社会中最劣势的成员的利益会达到最大化。——译者注

② 这里有必要澄清一下。请注意，讨论中提出的观点是，喀拉拉邦虽然位于印度，但它在提高民众可行能力方面取得了更大的成功。然而，这本身并不完全意味着更高的人口发展水平。喀拉拉邦在创造就业方面远没有这样成功，而且任由其自然资本遭到严重破坏，这两点都阻碍了它的人口发展。在这些方面，喀拉拉邦需要向印度其他地区大力学习。见巴拉克里希南（2015）。

③ 关于表列种姓和表列部落中性别不平等的数据，参见印度部落事务部（2015）。

自主权更小。印度每个社会群体中都存在性别不平等,这一特点表明性别不平等是印度最普遍的不平等现象。然而令人震惊的是,在印度的公共政策中,针对妇女的平权措施远远比不上针对社会群体的平权措施,这表明政府并不愿意解决这个问题。

正如我所指出的,经济发展指标的跨国比较经常遭到批评,认为我们可能是在比较不同的政治体制。然而,在印度国内的比较中,这一点并不存在,因为印度各邦都从属于同一种治理制度,即政治民主制。我们在这种比较中发现,人口发展仍然存在着巨大差异。虽然至少有一些邦似乎正在某些领域朝着全球发展标准前行,但全国大部分邦区的人口发展水平很低,这一现象与民主制度并存。

在印度这样一个广袤的国家,一些地区差异可能会存在。然而这种差异可能是相当大的,而且长期存在,75年来都未曾消失。由于各邦都在一套共同的规则下运作,那些能让这种巨大的差异延伸到21世纪的邦,一定有其特殊之处。为什么在印度的大部分地区,民主制度未能消除基本的匮乏?

社会学家巴林顿·穆尔(Barrington Moore)研究了世界各地民主转型的情况,我们或许可以从他关于民主的阐述中找到线索。穆尔认为,欧洲和美国在民主转型之前发生的革命对转型至关重要。谈到印度时,他说:"……民族主义运动并没有采取革命的形式,尽管非暴力抵抗迫使衰弱的大英帝国撤出了印度。这些力量作用的结果确实是实现了政治民主,**但这种民主对印度社会结构的现代化并没有起到很大作用。**因此,这种背景下依然潜藏着饥荒的风险。"① 奇怪的是，在谈到印度时，穆尔似乎颠倒了他的论点，认为民主大概可以通过议会手段改变社会结构。

然而，他的一般论点，即社会变革是民主实现潜力的关键，对理解我们在印度观察到的地区差异有所裨益。可以说，印度在消除文盲和极端贫困等方面发展最快的地区，都经历过以社会变革消灭旧秩序的过程。喀拉拉邦的情况最为明显。早在1957年，民选的共产党政府就启动了改善民众生活条件的进程，主要包括普及医疗卫生和教育，这使得社会底层获得了解放。这场变革中的一个重要事件是政府在就职后几周内就启动了土地改革，从而瓦解了地主制及与之相关的对劳动阶级的压迫。因此，社会结构发生了变化，人们的意识开始提升，随之而来的是一种不言自明、能够感知的对更美好生活的要求。对相互竞争的政党来说，如果想生存下去，就必须推行能够提高人口可行能力的政策。尽管喀拉拉邦社会变革的高潮是共产党的成立，但其转型的过程十分漫长。它肇始于19世纪末，而后，种姓改革运动开启了社会流动，基督教传教士进行了扫盲工作，曾统治现在喀拉拉邦大部分地区的王公们推行了开明的公共政策。

这种变革也发生在泰米尔纳德邦，虽然其源于旨在消除婆罗门特权、针对种姓制度的运动。然而，它是在地方分离主义的推

---

① 参见穆尔（1966），第416页，加粗处为笔者所加。这里提到的饥荒需要解释一下。在穆尔看来，现代化意味着向"现代工业社会"过渡，其中包括充满活力的资本主义农业。根据这种说法，饥荒意味着前现代社会。在穆尔写作的时候，印度出现了粮食短缺，但没有发生饥荒。

波助澜下才取得成功的,尤其是在反对将印地语作为国家唯一官方语言的背景下。此后,"达罗毗荼运动"在政治上取得了巨大的成功,从运动中渔利的政党目前已在该邦执政超过半个世纪。与共产党在喀拉拉邦崛起一样。达罗毗荼运动也留下了自身的印记。泰米尔纳德邦的发展指标取得了相对较好的成绩,但尚未达到喀拉拉邦的水平。

在表5.3所选取的样本中,其他三个邦没有发生与喀拉拉邦和泰米尔纳德邦类似的社会变革。北方邦废除柴明达尔制和西孟加拉邦左翼阵线的土地改革似乎也没有在社会领域取得类似的成功,在我们看来,这对于发展是必要的。与喀拉拉邦相比,这些邦的贫困率更高,社会指标更差,女性识字率尤其低。古吉拉特邦的情况表明,整体经济的繁荣可能不足以提升民众的自由度。我们从表5.3中看到,尽管古吉拉特邦是印度最富有的邦之一,但贫困现象大量存在,其社会指标并不比全国平均水平好多少。看起来,通过社会结构变革重新分配权力,才是一个社会实现包括消除贫困在内的全面发展的关键。

有趣的是,安贝德卡在制宪议会的最后一次发言中承认,在即将独立的印度,社会结构仍将在维系社会和经济不平等中发挥作用:

> 在政治领域,我们将实现平等;而在社会和经济生活领域,我们仍将不平等。在政治方面,我们承认一人一票、每票价值相等的原则。而在社会和经济生活中,由于我们的社会和经济结构,我们将继续否认每票价值相等的原则。这种充满矛盾的生活还要持续多长时间?我们还要继续否认社

会和经济生活中的平等多长时间？如果我们继续长期否认平等，就只会把我们的政治民主置于危险之境。①

安贝德卡具有先见之明，预见到政治民主并不能保证自由的扩大，这一见解对于我们理解印度民主和发展的历史至关重要。

当印度的民主由于存在如此大规模的贫困而受到贬低时，人们常常会坚称，民主实际上是一种通过讨论来治理国家的形式，指望它实现人口发展，就只是把它当成了一种工具。穆尔在讲述民主的历史时对这一论点提出了反驳。他认为民主的发展是要通过"一场漫长的，当然也是不完整的斗争"来完成三件相互关联的事：① 制衡专断的统治者；② 以公正理性的规则取代专断的规则；③ 在制定规则的过程中为基础民众争取到一席之地。② 他看到了君主制的终结、为建立法治和立法所做的努力，后来又看到了将国家作为社会变革的引擎，而最后一点是这三个目标中最著名的。③ 白哲特④将民主定义为"通过讨论来治理国家"，这很可能反映了人们对于民主应当如何运作的共识，但这一定义在一定程度上忽视了历史，并让我们对其在改善广大民众生活条件方面的潜力视而不见，而这一点恰恰是印度的当务之急。

---

① 参见安贝德卡（1949）。
② 参见穆尔（1966），第414页。
③ 作者原文用的是"福利"（welfare），而我用的是"变革"（change），因为这在上下文中更合适。
④ 白哲特（Walter Bagehot, 1826—1877），英国经济学家、政论家。——译者注

印度的民主受到了全世界，尤其是西方民主国家观察家的关注。悲观主义者可能会注意到，自从印度经济突飞猛进以来，这种赞美就格外夸张。最近海外一些对印度民主的赞誉性评论来自马修斯（Mathews，2015）、沙尼（Shani，2017）和德赛（Desai，2017）等人。这些观察家一般都对印度民主的两个特点之一赞叹不已，例如，一个如此多元化的国家竟然能够凝聚在一起，其他人还对选举结束后权力的和平交接大加称赞。对于一个直到近来识字率还很低的贫穷国家来说，这两点都非常了不起。

令人惊讶的是，他们中没有一个人想知道，为什么印度的民主制度能容纳如此严重的贫困。一些印度人对这些赞誉感到欣喜是可以理解的，但这也应该让我们保持警惕。民主是关于选举的程序性惯例，或者是成文宪法这样的指导手册，还是关于其被采用为一种政府形式后所带来的变革？套用穆尔的一句话，民主为印度做了多少贡献？印度人口发展的相关证据表明，对民主的赞美需要有所节制。即使在印度独立75年之后，这个国家依然存在着巨大的贫困。这一点此前并没有引起太多关注，但现在是时候了。很少有民主国家能容忍如此大规模的贫困这样长时间地存在。整个国家在人口发展进程上的巨大差异意味着，可以通过公共政策消除最恶劣的形式。最后，我想问一问，印度那部令人印象深刻的宪法能在多大程度上推动这一成果实现。

形式上的权利与实质上的自由

印度宪法反映了其缔造者们的高尚思想。然而，那些善意的宪法条款却未能为大部分民众带来发展成果。从本章阐述的框架来看，这并不完全令人惊讶。尽管印度的缔造者们意识到了消极自由的重要性，但这些宪法条款本身并不能确保为大多数人推进积极自由。例如，如果一个人没有机会谋生，或者工资太低，无法通过储蓄获得任何财产，那么财产权又有什么用呢？同样，宪法规定了言论自由，但穷人、文盲，甚至受教育程度低的人也无法充分行使这一权利。

印度的缔造者们并没有完全忽视这些可能性，他们在宪法中加入了"国家政策指导原则"（Directive Principles of State Policy）[①]。这些原则旨在成为国家制定政策的指导方针。它们包括社会公正和经济福利的目标，并明确提到了免费教育和改善公共卫生的愿景。然而，这些原则不具有可诉性。因此，当公民面对致力于最大限度地提高其成员的"私人"福利，而不是"社会"福利的政党时，不管怎样阐释，这些原则都毫无用处。

现在，我们可以看到，印度的宪法条款，无论是"指导原则"还是"基本权利"，都已被证明不足以完成促进人口发展的任务。即使这些权利具有可诉性，即可以在法庭上对侵犯这些权利的行为提出质疑，它们可能也不足以促进积极自由。国家在建设可行能力时可能会注意到指导原则，但由于它们并不具有可诉性，在一个或另一个政党轮流执政的情况下，如果不能使印度朝着预期的方向发

---

① "基本权利"与"指导原则"之间的区别，以及在同时援引二者时可能产生的紧张关系，对于理解印度宪法条款至关重要。当代学者对此的简要介绍，参见科斯拉（Khosla，2012）。

第五章 未竟的征程：发展停滞的现代化

展，那么对边缘群体来说，"指导原则"就没有什么用处了。

这是经济学家公认的"委托-代理问题"的一个写照。在印度这样一个广袤且多元的国家的治理中，很容易出现委托-代理问题。这一观点及其影响最容易在公司治理的情境下理解。在当代资本主义制度下，股份制非常普遍，公司由经理人经营。正如罗宾·马里斯（Robin Marris）所认为的，这一特点有效地分离了所有权与控制权。① 马里斯将这种形式称为管理资本主义，以区别于19世纪的企业资本主义。管理资本主义的含义是，现在无法保证作为代理人的经理会以符合委托人，即符合股东利益的方式来管理企业。② 在现存的民主制度下，而不是在某种理想化的形式下，委托-代理问题永远都可能存在。在议会民主制中，公民名义上是国家的主人，但实际上是由行政部门通过一个常设的官僚机构来治理国家。官僚机构理论上是对议会负责，现实中却不受节制。"监管之人由谁监管"（Quis custodiet ipsos custodes？）的难题概括了这种安排所隐含的困境。这句话甚至在公元前就出现了，用来表达强制实施婚姻忠诚时所面临的挑战，它也与民主政体中的治理问题直接相关。

虽然就可行能力而言，没有普遍接受的衡量标准，但我们的确知晓，印度的贫困率仍然很高。按照较低的贫困线计算，印度

---

① 参见马里斯（1964）。
② 大约40年后，金融业的管理者们为了追求个人回报而过度冒险，险些让全球经济毁于一旦，这证明马里斯的洞见是正确的。参见克鲁格曼（Krugman，2009）。

总人口中至少有四分之一是贫困人口，这表明相当一部分人仍然处于边缘化的位置。尽管印度声称其经济政策的基本理念是消除贫困，但情况依然如故。英迪拉·甘地通过提出"消除贫困"的口号，表明了她执政后将采取的政策方向，这一时期距今已有半个多世纪。关于这一实验为何失败，我们虽然需要了解其中的经济学原理，但通过它所采用的方式方法就可以预见结果。英迪拉·甘地采取的手段主要是对私营企业进行严厉的控制，并将荒唐的税率合理化为"社会主义"。这种做法本身对穷人摆脱贫困并无多大助益。事实上，正如第二章所论述的，随着私人投资减少，经济迅速萎缩，穷人的前景更加暗淡。我们可以看到，直到农业开始更快地增长时，印度的减贫工作才会有所起色。虽然管制措施有效地限制了资本家的自由，但对于建立一支健康、有生产力、能够让印度摆脱贫困的劳动力队伍却无能为力。

印度在处理边缘化问题上的经验毫无亮点。在市场经济中，个人有两种谋生的选项：要么为他人工作，要么自谋生路。虽然农民不受雇于他人，但只有拥有土地的人才能如此选择。另外，没有土地的人必须寻找工作或自主创业。通过教育进行可行能力建设，再加上健康，这是他们能否通过创业或者作为被市场雇用的生产性劳动力成功谋生的关键。印度贫困现象的持续存在反映出，其在培养民众可行能力方面投资不足，而这正是半个多世纪以来印度公共政策的特点。在此期间，印度主要采取了哪些方法来解决边缘化问题？现在，我将对这些方法进行简要评估。

从历史上看，印度有两种解决贫困或边缘化问题的方法。第一种盛行于20世纪50年代，当时的政策制定者简单地认为，经济不断增长将使穷人摆脱贫困。增长是减贫的必要条件，这一观点虽然很有道理，但如果不在穷人中普及教育以及提高技能，减贫战略就不可能完全成功。最近，这种方法似乎有所改变。现在的关键词是"包容"（inclusion），它反映了公共政策试图将边缘化群体纳入主流的意图。"包容性增长"的含义体现在国家越来越多地采用各种转移支付，它们已成为公共政策的代表。通过议会法案授予的权利也大大增多，例如工作权甚至食物权。除了尚不清楚这些权利是否具有可诉性，如果将边缘化理解为可行能力的不平等，那么这些法案也没能解决问题，因为它们没有触及民众的可行能力。① 因此，这不仅有家长主义作风之嫌，更重要的是，这意味着穷人可能永远无法自立，只能永远靠国家资助打点。

我们可以在2008年时任财政部部长奇丹巴拉姆（P. Chidambaram）的一次讲话中发现这种方法的一个典型例子。"印度必须实现10%的增长率，并在10年、20年、30年内保持这一增长"，好让贫困成为历史。部长接着说，增长本身并不是目的，而是战略的一部分，该战略将"筹集资源和获取能力，将更多资金用于提供商品和服务，以减轻数百万穷人的苦难，为他们的生活带来一些欢乐"。②

这也许是对21世纪初印度政策逻辑最清晰的阐述。这种方

---

① 关于对这些权利为印度穷人带来的变化的评估，参见达斯（2013）。
② 摘自其在新加坡发表的概述其政府政策的演讲，引自拉贾莫汉（Rajamohan，2013）

法可称为福利主义，不能指望它通过能力建设来消除边缘化。①这种政策还可能弄巧成拙：随着政府将越来越多的收入用于补贴消费，用于资本形成的资金将所剩无几。现在，经济增长放缓，政府福利计划所需的收入增长也会随之放缓，更不用说增长放缓对创造就业的影响了。

真正的福利国家的做法与印度实行的福利主义举措有何区别？拉克什马南（Lakshmanan）和文卡塔纳拉亚南（Venkatanarayanan, 2021）在对泰米尔纳德邦的研究基础上，提出了一个具有更广泛适用性的观点。

> 从理论上讲，专制制度下的臣民与民主政体中的公民之间存在质的区别。在民主政体中，不请自来的免费赠品会让赞助人和受益人之间滋生综合征，助长个人崇拜。提供免费赠品是将民众作为臣民来对待，而公民则有权享受宪法保障。福利举措是公民权利的体现，而不请自来的免费赠品在最好的情况下只是展示了政党的仁慈，最坏的情况则体现了执政党对穷人的冷漠。②

---

① 北方邦约吉·阿迪蒂亚纳特（Yogi Adityanath）政府采取了福利主义做法，以下对其后果的评论说明了这一点："挥霍现金转移的另一面是，对教育和卫生等公共产品的极度忽视……通过扩大国有部门来缓解失业危机的空间也很小……"阿里（Ali, 2022）。卫生、教育和就业是战后欧洲福利国家的三大原始支柱。
② 参见拉克什马南和文卡塔纳拉亚南（2021）。

第五章 未竟的征程：发展停滞的现代化

鉴于中国与印度在20世纪50年代初的起点大致相同，中国消除贫困的经验对印度很有借鉴意义。中国将公共资金用于卫生和教育，同时确保经济增长所必需的高公共投资率。同时，任何对印度民主的民族主义自豪感都必须结合麦克弗森（Macpherson）的主张来看："我们不仅要认真考虑政治自由和公民自由，还必须考虑所有其他自由，它们……构成了每个人发展其所有自然能力的全部机会。"[①] 这一观点有助于我们正确看待宪法的作用。宪法条款是对国家权力的制约。然而，国家是否会将人口发展作为一项可行能力建设计划并加以有效实施，取决于社会和政治力量的协调是否会影响它这样做。

我们可以设想有两种忽视该问题的方式：不把它放在政策雷达之内，或者缺乏解决问题所需的资源。可以说，在1947年之后的大约半个世纪里，人口发展在这两方面都受到了忽视，既没有获得关注，又没有充足的资源。近10年来，随着经济增速加快，以及在教育领域获得了一些外部资金，社会部门的公共支出大幅增加，但由于治理的恶化，这些举措并没有取得明显的改善成果。[②]

要解决边缘化问题，就必须专注于通过有效和持续的教育来培养可行能力。当前有两点需要注意。首先，当今世界远比20世纪50年代印度刚起步时复杂得多。今天，早期教育必须远远

---

① 参见麦克弗森（1973），第15页。
② 参见巴拉克里希南（2010）的论述，其以证据为基础，论证了冷漠懒散的治理如何导致印度3个差异巨大的公共项目一败涂地。

超出"3R"①的范畴。全球化、技术日新月异、生态约束日益凸显以及民主运作不灵带来了新的挑战,在此背景下,公民必须具备持续学习的能力。其次,既然边缘化可以被理解为可行能力的不平等,那么就必须考虑至少在初等教育和中等教育层面,实现某种程度的统一。在今天的印度,学校的董事会五花八门,其声望差距也非常大。如前文所述,学校教育的统一性也有助于增强社会凝聚力。

结论:迈向有价值经济体的征程

整体来看,印度不再是一个贫穷的经济体。在2011年,如果按购买力平价计算产出,印度已超过日本成为世界第三大经济体。促进人口发展以及永久消除非包容性发展所需的物质资源已不再是阻碍因素。那么是什么在制约印度的发展?我们可以从印度的制度运作中寻找这个问题的答案。从经济学的角度来看,它可以被看作个人联合起来解决社会中公共产品缺失的一种方式。或者,从积极的角度看,公民赋予自己某种形式的政府,主要是为了确保他们能够得到公共和私人的产品,使他们能够过上所珍视的生活。威斯敏斯特体系②及聚集在该体系中的政党只是实现这一目标的工具,而在印度的民主制度中,这一点往往被忽视,政党总是比人民更重要。

---

① 指学校教授的3种传统基本技能:阅读、书写和算术。——译者注
② 指因循英国议会体制,奉行议会至上原则的议会民主制。——译者注

在印度，委托-代理问题的一个突出表现就是民主首先要有利于政党，而政党的主要目标看起来是夺取国家机器，好让其成员大发横财。政客们的资产在其执政期间异乎寻常的增长就反映了这一点。印度的所有政党都以穷人的名义执政，而大多数政党一旦当选，对人口发展的贡献却微乎其微。只要印度还有相当一部分人口受教育程度低下且健康状况堪忧，无法控制其选举出的代表的行为，目前的状况就会一如既往。对印度许多阶层的人来说，只要他们的可行能力仍未得到完全发展，他们就将继续被边缘化。

在印度建政 75 年后，它必须承认自己在人口发展方面存在严重缺陷。人口发展是民主的首要任务，而在过去几年中，随着对这一点的长期忽视，公民自由也受到了侵蚀。言论自由受到威胁，独立的新闻媒体遭遇钳制，宗教少数群体惶恐不安，这些现象引起了全球的关注，民主监督机构降低了对印度民主的评级。如果把社会进步看作自由的扩大，那么这一工程已经遭到阻遏。这对印度的经济前景产生了影响，同样受影响的还有促进人口发展的希望，而这是印度民主原本设定的目标。

我希望本书能够成功地表明，印度独立之初的承诺是促进印度民众的人口发展。自 1947 年以来，印度取得了长足的进步，但这些进步更多是在经济增长的同时实现了现代化，而不是实现民众的人口发展。在当下，我们必须认识到，要实现后一个目标，我们还有很长的路要走。虽然全球关于人口发展的讨论主要集中在教育和健康领域，在新冠疫情期间，我们也逐渐认识到教育和健康的重要性，但印度仍然面临着基础设施不足和生态衰退的威胁,而这两方面都与人口发展息息相关。这些现实条件决定了我们需要什么样的经济。只有当经济既能满足我们的日常需求,又能让我们为未来的突发事件未雨绸缪时,这样的经济才是有价值的。然而,它必须能带来更伟大的东西。一个有价值的经济是一个生态体系,不仅是为了生存,也是为了人口的繁荣,即让他们过上所珍视的生活。印度的经济政策必须重新定位,以创造这样一个生态系统为己任。当人们只关注量化目标,比如到2025年实现5万亿美元的经济规模,这一点就会被忽视。在这一点上,奥斯卡·王尔德(Oscar Wilde)一语中的,他说人们可能"知道一切事物的价格,却不知道任何事物的价值"。

参考文献

Acemoglu, D., and J. Robinson (2012). "Why Nations Fail: The Economic Origins of Power, Prosperity and Poverty", Cambridge, Mass.: MIT Press.

Ahluwalia, M. (1978). "Rural Poverty in India, 1956–57 to 1973–74", in Montek S. Ahluwalia, John Wall, Shlomo Reutlinger, Robert Cassen, and Martin Wolf, *India: Occasional Papers*, Washington, DC, World Bank Staff Working Paper No. 279.

Ali, A. (2022). "In Uttar Pradesh, the Crux of Welfare Politics", *The Hindu*, 14 February 2022.

Ambedkar, B.R. (1949). "Concluding Remarks in the Constituent Assembly (on) the Constitution (made) on November 25, 1949".

Ambirajan, S. (1976). "Malthusian Population Theory and Indian Famine Policy in the Nineteenth Century", *Population Studies*, 30: 5–14.

Aron, L. (2011). "Everything You Think You Know About the Collapse of the Soviet Union is Wrong", *Foreign Policy*, July/August.

Bagchi, A. (2010). "Colonialism and the Indian Economy", Delhi: Oxford University Press.

Bai, J., and P. Perron (2003). "Computation and Analysis of Multiple Structural Change Models", *Journal of Applied Econometrics*,

18: 1–22.

Balakrishnan, P. (1995). "The Short-run Behaviour of Prices and Quantities in Indian Industry", in D. Mookherjee, ed., *Indian Industry: Policies and Performance*, Delhi: Oxford University Press.

Balakrishnan, P. (2010). "Economic Growth in India: History and Prospect", Delhi: Oxford University Press.

Balakrishnan, P. (2015). "Kerala and the Rest of India, What We Can Learn from Each Other's Development Experience", *Economic and Political Weekly*, 50: 34–41.

Balakrishnan, P. (2016). "The New Colour of Money", *The Hindu*, 11 November.

Balakrishnan, P. (2019). "Unmoved by Stability: Capital Formation in the Modi Economy", *Economic and Political Weekly*, 54: 33–6.

Balakrishnan, P. (2020). "India Needs a Strong Fiscal Stimulus", *Hindustan Times*, 15 April.

Balakrishnan, P., and A. Goyal (2019). "After Liberalising Reforms: The Importance of Domestic Demand", in A. Goyal, ed., *A Concise Handbook of the Indian Economy in the 21st Century*, New Delhi: Oxford University Press.

Balakrishnan, P., and M. Parameswaran (2021). "Modelling Inflation in India", *Journal of Quantitative Economics*, 19: 555–81.

Balakrishnan, P., and S. Namboodhiry (2021). "The Importance of Investing in a Public Health System", *Indian Economic Review*, 56: 233–54.

Balakrishnan, P., M. Das, and M. Parameswaran (2017). "The Internal Dynamic of Indian Economic Growth", *Journal of Asian Economics*, 50: 46–61.

Balakrishnan, P., M. Parameswaran, K. Pushpangadan, and M. Suresh Babu (2006). "Liberalization, Market Power, and Productivity Growth in Indian Industry", *The Journal of Policy Reform*, 9: 55–73.

Balakrishnan, P., R. Golait, and P. Kumar (2008). "Agricultural Growth in India Since 1991", DRG Paper No. 27, Mumbai: Reserve Bank of India.

Balasubramanyan, V.N. (2001). *Conversations with Indian Economists*, Delhi: Orient Longman.

Banerjee, A., and L. Iyer (2005). "The Legacy of Colonial Land Tenure Systems in India", *American Economic Review*, 95: 1190–1213.

Berlin, I. (1969) [1958]. "Two Concepts of Liberty", in idem, *Four Essays on Liberty*, Oxford: Clarendon Press.

Bhagwati, J. (1998). "India's Economic Reforms: Dismantling the Machine for Going Backwards", *Vikalpa*, 23: 5–7.

Bhagwati, J., and P. Desai (1970). *India: Planning for Industrialisation*, Delhi: Oxford University Press.

Blyn, G. (1966). "Agricultural Trends in India, 1891–1947", Philadelphia: University of Pennsylvania Press.

Bourdieu, P. (1986). "The Forms of Capital", in J. Richardson, ed., *Handbook of Theory and Research for the Sociology of Education*,

Westport, CT.: Greenwood.

Chakravarty, S. (1987). *Development Planning: The Indian Experience*, Oxford: Clarendon Press.

Chancel, L., and T. Piketty (2019). "Indian Income Inequality, 1922–2015: From British Raj to Billionaire Raj", *Review of Income and Wealth*, 65: S33–S62.

Cumings, B. (1984). "The Origins and Development of the Northeast Asian Political Economy: Industrial Sectors, Product Cycles, and Political Consequences", *International Organization*, 38: 1–40.

Dalrymple, W. (2019). *The Anarchy: The East India Company, Corporate Violence, and the Pillage of an Empire*, London: Bloomsbury Books.

Das, D. (1969). *India from Curzon to Nehru and After*, New Delhi: Rupa.

Das, G. (2000). *India Unbound: From Independence to the Global Information Age*, New Delhi: Penguin Books.

Das, S.K. (2013). *India's Rights Revolution: Has It Worked for the Poor?*, New Delhi: Oxford University Press.

Datt, G., M. Ravallion, and R. Murgai (2019). "Poverty and Growth in India Over Six Decades", *American Journal of Agricultural Economics*, 102: 4–27.

Datta, B. (1978). *Indian Economic Thought: Twentieth Century Perspectives, 1900-1950*, Delhi: Tata McGraw-Hill.

Deaton, A., and J. Dreze (2002). "Poverty and Inequality in India:

A Re-Examination", *Economic and Political Weekly*, 37: 3729–48.

DeLong, J.B. (2003). "India Since Independence: An Analytic Growth Narrative", in D. Rodrik, ed., *In Search of Prosperity: Analytic Narratives on Economic Growth*, Princeton: Princeton University Press.

Demirguc-Kunt, A., and L. Serven (2010). "Are All the Sacred Cows Dead?: Implications of the Financial Crisis for Macro- and Financial Policies".

Deokar, B.K., and S.L. Shetty (2014). "Growth in Indian Agriculture: Responding to Policy Initiatives Since 2004–05", *Economic and Political Weekly*, 49: 101–4.

Desai, M. (2007). "Our Economic Growth 1947–2000", *India International Centre Quarterly*, 33: 34–44.

Desai, M. (2017). *The Raisina Model*, New Delhi: Penguin Random House.

Deshpande, S. (1993). "Imagined Economies: Styles of Nation Building in Twentieth Century India", *Journal of Arts and Ideas*, 24–5: 5–35.

Dev, S.M. (2008). "Challenges for Revival of Indian Agriculture", The First Dayanatha Jha Memorial Lecture, New Delhi: Commission for Agricultural Costs and Prices, Government of India. Dreze, J., and A. Sen (2013). *Uncertain Glory: India and Its Contradictions*, Princeton: Princeton University Press.

Dutt, R.C. (1902). *The Economic History of India*, London: Kegan Paul.

Fischer, S. (1993). "The Role of Macroeconomic Factors in Growth", *Journal of Monetary Economics*, 32: 485–512.

Frankel, F.R. (1971). *India's Green Revolution: Economic Gains and Political Costs*, Princeton: Princeton University Press.

Gandhi, M.K. (1941). *The Constructive Programme: Its Meaning and Place*, Ahmedabad: Navajivan Trust.

Economic Survey (2016, 2017). New Delhi: Ministry of Finance, Government of India.

Government of India (2009). *India 2009: A Reference Annual*, Ministry of Information and Broadcasting, Publications Division.

Government of India (2003). "Literacy in India: Steady March Over the Years", Press Information Bureau Release, 6 September.

Habib, I. (1977). "The Colonialization of the Indian Economy", *Social Scientist*, 3: 23–53.

Hankla, C.R. (2006). "Party Linkages and Economic Policy: An Examination of Indira Gandhi's India", *Business and Politics*.

Heckman, J. (2006). "Skill Formation and the Economics of Investing in Disadvantaged Children", *Science*, 312: 1900–1902.

IMF (2021a). "Fiscal Policies Database in Response to COVID-19", *Fiscal Monitor*.

IMF (2021b). *World Economic Outlook*, Washington, D.C.: International Monetary Fund, April.

Johnson, D.G. (2001). "Population, Food and Knowledge", *American Economic Review*, 90: 1–14.

Jukes, M.C. (2005). "The Long-Term Impact of Pre-School Health and Nutrition on Education", *Food and Nutrition Bulletin*, 26: S193–S201.

Kahan, A. (1965). "Russian Scholars and Statesmen on Education as an Investment", in C.A. Anderson and M.J. Bowman, eds, *Education and Economic Development*, Chicago: Aldine.

Kandel, N., S. Chungong, A. Omaar, and J. Xing (2020). "Health Security Capacities in the Context of COVID-19 Outbreak: An Analysis of International Health Regulations Annual Report Data from 182 Countries", *The Lancet*, 395: 1047–53.

Keynes, J.M. (1936). *The General Theory of Employment, Interest and Money*, London: Macmillan.

Khosla, M. (2012). *The Indian Constitution*, New Delhi: Oxford University Press.

Kim, L. (1995). "Absorptive Capacity and Industrial Growth: A Conceptual Framework and Korea's Experience", in B-H Koo and D.H. Perkins, eds, *Social Capability and Long-Term Economic Growth*, New York: St Martin's Press.

Kohli, A. (2006a). "The Politics of Economic Growth in India, 1980–2005, Part I: The 1980s", *Economic and Political Weekly*, 41: 1251–9.

Kohli, A. (2006b). "The Politics of Economic Growth in India, 1980–2005, Part II: The 1990s and Beyond", *Economic and Political Weekly*, 41: 1361–70.

Kotwal, A., B. Ramaswami, and W. Wadhwa (2011). "Economic Liberalization and Indian Economic Growth: What's the Evidence?" *Journal of Economic Literature*, 49: 1152–99.

Krishna, R. (1980). "Assessing India's Economic Development – Part 1", *Mainstream*, 25 October, 28–30.

Krugman, P. (2009). "The Return of Depression Economics and the Crisis of 2008", New York: W.W. Norton and Company.

Lakshmanan, C., and S. Venkatanarayanan (2021). "The Need to Move Away from Clientilism", *The Hindu*, 28 October 2021.

Macpherson, C.B. (1973). *Democratic Theory: Essays in Retrieval*, Oxford: Clarendon Press.

Maddison, A. (1995). "Monitoring the World Economy 1820–1992", Paris, OECD.

Mahalanobis, P.C. (1955). "The Approach of Operational Research to Planning in India", *Sankhya*, 16: 63–110.

Marris, R. (1964). *The Economic Theory of Managerial Capitalism*, London: Macmillan.

Mathews, R. (2015). *The Great Indian Rope Trick*, Gurgaon: Hachette India.

Moore, B. (1966). *Social Origins of Dictatorship and Democracy: Lord and Peasant in the Making of the Modern World*, Boston: Beacon Press.

Mukherjee, A. (2010). "Empire: How Colonial India Made Modern Britain", *Economic and Political Weekly*, 45: 73–82.

MinFin (2021). *Budget at a Glance*, New Delhi: Ministry of Finance, Government of India.

MHFW (2019). *National Health Profile*, New Delhi: Ministry of Health and Family Welfare, Government of India.

MOSPI (2022). "Press Note on First Advance Estimate of National Income 2021-22", New Delhi: Ministry of Statistics and Programme Implementation", Government of India, 2 January.

MOSPI (2021). "Press Note on Estimates of Gross Domestic Product for the Second Quarter of 2021-22", November 30.

MOSPI (2017). "Women and Men in India", New Delhi: Ministry of Statistics and Programme Implementation, Government of India.

MOSPI (2015). "Household Consumer Expenditure across Socio-Economic Groups", NSS 68th Round, New Delhi: Ministry of Statistics and Programme Implementation, Government of India.

MTA (2015). *Statistical Profile of Scheduled Tribes*, New Delhi: Ministry of Tribal Affairs, Government of India.

Naoroji, D. (1901). *Poverty and Un-British Rule in India*, London: Swan Sonnenschein & Co.

Narayana Murthy, N.R. (2004). "The Impact of Economic Reforms on Industry in India: A Case Study of the Software Industry", in K. Basu, ed., *India's Emerging Economy: Performance and Prospects in the 1990s and Beyond*, Cambridge, Mass.: MIT Press.

Nehru, J. (1958a [1947]). "Tryst With Destiny", *Jawaharlal Nehru's Speeches*, vol. 1 (1946-9), New Delhi: Publications Division,

Ministry of Information and Broadcasting, Government of India.

Nehru, J. (1958b, [1956]). "The Second Five-Year Plan", *Jawaharlal Nehru's Speeches*, vol. 3 (1953-7), New Delhi: Government of India, Ministry of Information and Broadcasting, Publications Division.

NITI Aayog (2021). *SDG India: Index and Dashboard*, New Delhi.

NSS (2014). *Employment and Unemployment Situation in India*, NSS Office, New Delhi: Government of India.

Nussbaum, M. (2007). "Human Rights and Human Capabilities", *Harvard Human Rights Journal*, 20: 21-4.

Pandey, P. (2018). "You Cannot Expect 8% GDP Growth Without Having Infrastructure", an interview with Sunil Mathur, CEO of Siemens India, *The Hindu*, 1 September.

Patnaik, U., and P. Patnaik (2021). "The Drain of Wealth: Colonialism Before the First World War", *Monthly Review*, 72: 1-22.

Pedersen, J.D. (2000). "Explaining Economic Liberalisation in India: State and Society Perspectives", *World Development* 28: 265-82.

Planning Commission (2014). "Report of the Expert Group to Review the Methodology for Measurement of Poverty", New Delhi.

PLFS (various dates), *Periodic Labour Force Survey*, New Delhi: Ministry of Statistics and Programme Implementation.

Rajamohan, C. (2013). "If Poverty Has to Go, Growth Must Touch 10 Percent and Continue", *Indian Express*, 27 March.

Rangarajan, C., and Mahendra Dev (2017). "Counting the Poor: Measurement and Other Issues", in U. Kapila, ed., *Indian Economy Since Independence*, New Delhi: Academic Publishers.

Rao, V.K.R.V. (1971). *The Nehru Legacy*, Bombay: Popular Prakashan.

Riboud, M., and H. Tan (2009). "Accelerating Growth and Job Creation in South Asia", in S. Ahmed and E. Ghani, eds, *Accelerating Growth and Job Creation*, New Delhi: Oxford University Press.

Rodrik, D., and A. Subramanian (2005). "From 'Hindu Growth' to Productivity Surge: The Mystery of the Indian Growth Transition", *IMF Staff Papers*, 52: 193–222.

Rogoff, K. (2016). *The Curse of Cash*, Princeton, NJ: Princeton University Press.

Romer, P. (2016). "The Trouble with Macro".

Roy, T. (2000). "De-Industrialisation: Alternative View, *Economic and Political Weekly*, 35: 1442–7.

RBI (2019). *Annual Report*, Mumbai.

RBI (2016). *Handbook of the Indian Economy*, Mumbai.

Sahoo, P., R. Dash, and G. Nataraj (2010). "Infrastructure Development and Economic Growth in China", Discussion Paper 261, Tokyo: Institute of Developing Economies.

Singh, R.K. (2022). "How GST is Killing Small Businesses with Inspector Raj and Suffocating Compliance".

Scott, B.R. (1997). "What Economists Should Know About

Economic Growth", *Harvard Business Review*, May–June, 156–64.

Sen, A. (1980). "Equality of What?", in S. McMurrin, ed., *Tanner Lectures on Human Values*, vol. 1, Cambridge: Cambridge University Press.

Sen, A. (1992). *Inequality Reexamined*, New York: Oxford University Press.

Sen, A. (1999). *Development as Freedom*, New York: Oxford University Press.

Sen, A. (2002). "Beyond Liberalisation: Social Opportunity and Human Capability", Lakdawala Lecture, in idem, *Re-imagining India and Other Essays*, Hyderabad: Orient Longman.

Sengupta, M. (2008). "How the State Changed Its Mind: Power, Politics and the Origins of India's Market Reforms", *Economic and Political Weekly*, 43: 35–42.

Shani, O. (2017). *How India Became Democratic*, London: Penguin.

Singh, M. (1995). "Inaugural Address", Delivered at the 54th Annual Conference of the Indian Society of Agricultural Economics, in *Indian Journal of Agricultural Economics*, 50: 1–6.

Singh, T. (2020). *Sixteen Stormy Days: The Story of the First Amendment of the Constitution of India*, London: Penguin.

Sivaraman, B. (1991). *Governance of India in Transition*, New Delhi: Ashish Publishing House.

Sivasubramonian, S. (2005). *The National Income of India in the*

Twentieth Century, Delhi: Oxford University Press.

Spear, P. (1964) "Nehru", *Modern Asian Studies*, 1: 15–29.

Srinivasan, T.N. (2005). *Eight Lectures on India's Economic Reforms*, New Delhi: Oxford University Press.

Summers, L（2016）.

Thapar, R. (2009). "Conversations about History: An Interview with Kalpana Sharma", *The Hindu*, 25 January.

Toyama, K. (2015). *Geek Heresy: Rescuing Social Change from the Cult of Technology*, New York: Public Affairs.

Vickrey, W. (1996). "Fifteen Fatal Fallacies of Financial Fundamentalism: A Disquisition on Demand Side Economics", Columbia University Working Paper Series.

Visvesvaraya, M. (1936). "Planned Economy for India", Bangalore: The Bangalore Press.

Wade, R. (1990). *Governing the Market: Economic Theory and the Role of Government in East Asian Industrialization*, Princeton: Princeton University Press.

Williamson, J. (2004). "A Short History of the Washington Consensus", Paper Commissioned by Fundación CIDOB for the Conference – "From the Washington Consensus Towards a New Global Governance", Barcelona, Spain, 24–25 September.